JN146980

憲法要諦

山崎 英壽

文化書房博文社

はしがき

　昨年は日本国憲法施行70年、私が大学の教壇に立つようになって25年の節目の年であった。ずいぶん前の講義の後で、一人の学生に言われた
　「先生が書いた本を教科書にしてください」
という言葉をこの年に実現しようと思い立ったのは、新学期直前のある春の日のことであった。

　この本のもとになっているのはこれまでの大学の講義と、さらに講義の土台となった先達の書物や論文である。それらの学恩に感謝しつつ、これまでの著作にはない特色を付け加えることも、この本の存在意義であろうと思う。その一つが、自由権を「精神、生き方、財産、身体」の四本立てにしたことである。以前から「経済的自由」といわれるものが22条と29条というように離れていることが気になっていた。この本では22条を24条と合わせて「生き方の自由」としてまとめてみた。

　各項目とも条文を提示して、その意味を説明するという形式をとった。条文にふれることが、日本国憲法の理解の第一歩であろうと考えたからである。また、条文の順序に従った叙述を心がけたが、内容によって一部入れ替わるところも出てきてしまった。

　講義用の教科書として、私が説明することを前提に書いた本であるが、独習用に読み進んでいただいても十分理解可能な記述を心がけた。学生や一般読者がこの本を手にとって、読み、憲法の大切さ

を理解していただければ幸いである。

　この本が世に出るにあたって、文化書房博文社編集部の岡野洋士氏にお世話になった。氏の助言や励ましなしには、この本がこれほど迅速に世に出ることはなかった。厚く御礼申し上げる。

2018年1月

調布にて

山崎英壽

目　次

はしがき

第1章　憲法とは何か
　1　憲法という言葉 …………………………………………………… 1
　2　近代的意味の憲法 ………………………………………………… 2
　3　近代憲法から現代憲法へ ………………………………………… 3
第2章　日本国憲法制定史
　1　ポツダム宣言受諾と占領 ………………………………………… 5
　2　マッカーサー三原則 ……………………………………………… 6
　3　日本国憲法の正当性 ……………………………………………… 7
　　(1) 押し付け憲法か ………………………………………………… 7
　　(2) 改正の限界か …………………………………………………… 8
第3章　天皇制
　1　天皇の地位 ……………………………………………………… 10
　　(1) 象徴 …………………………………………………………… 10
　　(2) 君主 …………………………………………………………… 11
　　(3) 元首 …………………………………………………………… 12
　2　皇位継承 ………………………………………………………… 12
　　(1) 世襲制 ………………………………………………………… 12
　　(2) 皇室典範 ……………………………………………………… 13
　3　国事行為 ………………………………………………………… 13
　　(1) 助言と承認 …………………………………………………… 13

(2) 国事行為の限定 …………………………………… 14
　　　(3) 皇室財産 …………………………………………… 15
第4章　平和主義
　1　平和憲法の意義 ………………………………………… 16
　2　戦争の放棄 ……………………………………………… 18
　3　戦力の不保持 …………………………………………… 20
　4　交戦権の否認 …………………………………………… 21
　5　自衛権 …………………………………………………… 23
　6　平和的生存権 …………………………………………… 24
　7　9条をめぐる裁判 ……………………………………… 25
　8　9条の現状 ……………………………………………… 26
第5章　人権総論
　1　人権の歴史と観念 ……………………………………… 30
　　　(1) 近代的権利から現代的権利へ …………………… 30
　　　(2) 権利の分類 ………………………………………… 32
　2　公共の福祉と人権 ……………………………………… 35
　　　(1) 一般的制約原理 …………………………………… 35
　　　(2) 二つの公共の福祉 ………………………………… 36
　　　(3) 国家の役割と人権 ………………………………… 37
　3　権利の主体 ……………………………………………… 38
　　　(1) 天皇 ………………………………………………… 38
　　　(2) 外国人 ……………………………………………… 39
　　　(3) 法人 ………………………………………………… 42
　4　私人間効力 ……………………………………………… 44
　　　(1) なぜ私人間効力か ………………………………… 44

(2) 間接適用説と直接適用説 ………………………………… 45
　　　(3) 中間団体＝社会的権力 …………………………………… 46
　5　特別の法律関係 …………………………………………………… 49
　　　(1) 特別権力関係 ………………………………………………… 49
　　　(2) 公務員 ………………………………………………………… 50
　　　(3) 在監者 ………………………………………………………… 51

第6章　包括的基本権
　1　憲法13条の意味 …………………………………………………… 53
　　　(1) 一般的自由と人格的自律 ………………………………… 53
　　　(2) 個人の尊重と幸福追求 …………………………………… 54
　2　プライバシー権 …………………………………………………… 55
　　　(1) 新しい権利 …………………………………………………… 55
　　　(2) 自己情報コントロール …………………………………… 56
　　　(3) 忘れ去られる権利 ………………………………………… 58
　　　(4) 肖像権 ………………………………………………………… 60
　3　名誉権 ……………………………………………………………… 61
　4　環境権 ……………………………………………………………… 62

第7章　法の下の平等
　1　平等の概念 ………………………………………………………… 64
　　　(1) なぜ差別なのか …………………………………………… 64
　　　(2) 相対的平等 …………………………………………………… 65
　2　法の下に平等とは何か …………………………………………… 66
　　　(1) 法適用の平等と法内容の平等 …………………………… 66
　　　(2) 尊属殺人重罰規定違憲判決 ……………………………… 67
　3　合理的区別と差別 ………………………………………………… 68

- (1) 審査基準と列挙事由 …………………………… 68
- (2) アファーマティブ・アクション ……………… 71
- (3) 間接的差別 …………………………………… 72
- (4) 選挙の平等 …………………………………… 72
- (5) 貴族・栄典による特権 ……………………… 73

第8章　自由権－Ⅰ　精神の自由

1 思想良心の自由 …………………………………… 74
2 信教の自由と政教分離 …………………………… 75
- (1) 信教の自由の内容 …………………………… 75
- (2) 宗教活動の限界と便宜供与 ………………… 76
- (3) 政教分離の意義 ……………………………… 78
- (4) 政教分離の内容 ……………………………… 80
- (5) 目的効果基準 ………………………………… 80
- (6) レモンテスト ………………………………… 82

3 表現の自由 ………………………………………… 83
- A 表現の自由の意義 …………………………… 83
  - (1) 表現の自由とはなにか …………………… 83
  - (2) 民主的政治過程の確保 …………………… 84
  - (3) 個人のアイデンティティーの確立 ……… 85
  - (4) 二重の基準 ………………………………… 86
  - (5) 思想の自由市場 …………………………… 87
- B 表現規制 ……………………………………… 88
  - (1) 検閲の禁止 ………………………………… 88
  - (2) 文面無効 …………………………………… 90
  - (3) 内容規制 …………………………………… 92

(4) 内容中立規制 …………………………………………… 96
　C　現代的問題状況 …………………………………………… 101
　　(1) 知る権利 ………………………………………………… 101
　　(2) 報道の自由・取材の自由 ……………………………… 102
　　(3) アクセス権 ……………………………………………… 107
4　結社の自由 …………………………………………………… 107
　(1) 結社の自由の意義 ………………………………………… 107
　(2) 結社の自由の内容 ………………………………………… 108
　(3) 破壊活動防止法と結社の自由 …………………………… 110
5　通信の秘密 …………………………………………………… 111
　(1) 信書と通信 ………………………………………………… 111
　(2) インターネット通信 ……………………………………… 112
6　学問の自由 …………………………………………………… 113
　(1) なぜ学問の自由か ………………………………………… 113
　(2) 学問の自由の内容 ………………………………………… 114
　(3) 大学の自治 ………………………………………………… 116

第9章　自由権-Ⅱ　生き方の自由

1　居住移転職業選択の自由 …………………………………… 118
　(1) 居住移転の自由 …………………………………………… 118
　(2) 職業選択の自由 …………………………………………… 119
　(3) 移住・国籍離脱の自由 …………………………………… 123
2　婚姻の自由 …………………………………………………… 124
　(1) 婚姻の成立と維持 ………………………………………… 124
　(2) 個人の尊厳と両性の本質的平等 ………………………… 126

第10章　自由権-Ⅲ　財産の自由
1　経済的自由 …………………………………………… 128
2　財産の自由 …………………………………………… 131
　（1）財産権 …………………………………………… 131
　（2）財産権規制と違憲審査基準 ………………………… 132
　（3）収用と補償 ……………………………………… 135

第11章　自由権-Ⅳ　身体の自由
1　奴隷的拘束・意に反する苦役からの自由 …………… 138
2　適正手続 ……………………………………………… 139
　（1）デュープロセスの内容 ………………………… 139
　（2）告知と聴聞 ……………………………………… 141
　（3）なぜデュープロセスか ………………………… 141
3　刑事手続に関する原則 …………………………… 143
　（1）逮捕 …………………………………………… 143
　（2）抑留・拘禁 ……………………………………… 144
　（3）捜索・押収 ……………………………………… 145
　（4）拷問・残虐な刑罰の禁止 …………………… 147
　（5）刑事被告人の権利 ……………………………… 147
　（6）自己負罪拒否特権・自白法則 ……………… 149
　（7）事後法の禁止・二重処罰の禁止 …………… 151

第12章　社会権
1　生存権 ………………………………………………… 153
　（1）社会権総論としての25条 ……………………… 153
　（2）25条の法的性格 ……………………………… 155
　（3）生存権裁判 ……………………………………… 157

(4) 25条の課題 …………………………………………… 160
　2　教育を受ける権利 ………………………………………… 164
　　　(1) なぜ教育か－公教育の必要「能力に応じて、等しく」………………………………………………………… 164
　　　(2) 教育権をめぐる論争 ………………………………… 166
　　　(3) 義務教育の無償 ……………………………………… 168
　3　勤労権 ……………………………………………………… 169
　　　(1) 勤労の権利と義務 …………………………………… 169
　　　(2) 勤労条件の法定 ……………………………………… 170
　4　労働基本権 ………………………………………………… 171
　　　(1) 労働基本権の意義 …………………………………… 171
　　　(2) 労働基本権の内容 …………………………………… 171
　　　(3) 公務員の労働基本権 ………………………………… 174

第13章　参政権
　1　選挙権と被選挙権 ………………………………………… 180
　　　(1) 選挙権の法的性格 …………………………………… 180
　　　(2) 選挙の原則 …………………………………………… 181
　　　(3) 外国人投票権 ………………………………………… 185
　　　(4) 選挙権と立法政策 …………………………………… 186
　　　(5) 被選挙権 ……………………………………………… 187
　　　(6) 罷免権 ………………………………………………… 188
　2　請願権 ……………………………………………………… 188

第14章　受益権（国務請求権）
　1　裁判を受ける権利 ………………………………………… 190
　2　国家賠償請求権 …………………………………………… 190

3　刑事補償請求権 …………………………………… 191
第15章　国会
　1　国会の地位 ………………………………………… 192
　　（1）国権の最高機関 ……………………………… 192
　　（2）唯一の立法機関 ……………………………… 193
　2　代表 ………………………………………………… 195
　　（1）純粋代表 ……………………………………… 195
　　（2）半代表 ………………………………………… 196
　　（3）社会学的意味の代表 ………………………… 197
　3　選挙制度 …………………………………………… 198
　　（1）小選挙区制 …………………………………… 198
　　（2）比例代表制 …………………………………… 199
　4　国会議員 …………………………………………… 200
　　（1）歳費受領権 …………………………………… 200
　　（2）不逮捕特権 …………………………………… 200
　　（3）免責特権 ……………………………………… 202
　5　国会の活動 ………………………………………… 203
　　（1）二院制 ………………………………………… 203
　　（2）会期 …………………………………………… 204
　　（3）定足数及び表決 ……………………………… 206
　　（4）会議の公開 …………………………………… 207
　　（5）両院協議会 …………………………………… 208
　　（6）衆議院の優越 ………………………………… 208
　6　議院の権能 ………………………………………… 210
　　（1）自律権 ………………………………………… 210

（2）国政調査権 …………………………………………… 211
　7　財政 ………………………………………………………… 212
　　（1）財政民主主義・財政国会中心主義・租税法律主義 … 213
　　（2）予算 …………………………………………………… 214
　　（3）公金支出制限 ………………………………………… 216
　　（4）決算と財政状況報告 ………………………………… 217

第16章　内閣

　1　行政権 ……………………………………………………… 218
　　（1）行政権とはなにか …………………………………… 218
　　（2）独立行政委員会 ……………………………………… 219
　2　内閣の組織 ………………………………………………… 220
　　（1）内閣の構成 …………………………………………… 220
　　（2）文民 …………………………………………………… 221
　3　議院内閣制 ………………………………………………… 222
　　（1）内閣の国会との関係 ………………………………… 222
　　（2）議院内閣制の類型 …………………………………… 222
　　（3）衆議院の解散 ………………………………………… 224
　4　内閣の職務 ………………………………………………… 228
　　（1）条約の締結 …………………………………………… 228
　　（2）政令の制定 …………………………………………… 230
　5　内閣の総辞職 ……………………………………………… 232

第17章　裁判所

　1　司法の概念と限界 ………………………………………… 234
　　（1）司法権とはなにか …………………………………… 234
　　（2）司法権の限界 ………………………………………… 235

- 2 裁判所の組織 …………………………………………… 240
  - (1) 特別裁判所の禁止 ………………………………… 240
  - (2) 行政機関による裁判 ……………………………… 240
  - (3) 立法機関による裁判 ……………………………… 241
- 3 最高裁判所 ……………………………………………… 242
  - (1) 規則制定権 ………………………………………… 242
  - (2) 最高裁判所裁判官 ………………………………… 243
- 4 司法権の独立 …………………………………………… 244
  - (1) 裁判官の職権上の独立 …………………………… 245
  - (2) 裁判官の身分保障 ………………………………… 247
- 5 違憲審査制 ……………………………………………… 249
  - (1) 付随的審査制と抽象的審査制 …………………… 249
  - (2) 日本国憲法における違憲審査 …………………… 250
  - (3) 審査の方法 ………………………………………… 250
  - (4) 立法事実 …………………………………………… 254
  - (5) 違憲判決の効力 …………………………………… 255
  - (6) 違憲審査の対象 …………………………………… 257
  - (7) 司法積極主義と司法消極主義 …………………… 259
- 6 裁判の公開 ……………………………………………… 263

第18章 地方自治

- 1 自治権の性格と「地方自治の本旨」………………… 265
  - (1) 伝来説と固有権説 ………………………………… 265
  - (2) 地方自治の本旨 …………………………………… 265
- 2 地方自治の組織 ………………………………………… 266
  - (1) 地方選挙 …………………………………………… 266

(2) 住民 …………………………………………………… 267
　　(3) 地方における直接民主制 …………………………… 268
　3　地方自治体の権能 ……………………………………… 269
　　(1) 条例制定権 …………………………………………… 269
　　(2) 横出し規制・上乗せ規制 …………………………… 270
　　(3) 財産権と条例 ………………………………………… 271
　　(4) 地方税と条例 ………………………………………… 271
　　(5) 条例と罰則 …………………………………………… 272

第19章　憲法改正
　1　憲法改正とはなにか …………………………………… 273
　　(1) 改正手続 ……………………………………………… 273
　　(2) 硬性憲法 ……………………………………………… 274
　2　憲法改正の限界 ………………………………………… 277
　　(1) 憲法制定権力 ………………………………………… 277
　　(2) 憲法改正権と根本決定 ……………………………… 277
　3　憲法の変遷 ……………………………………………… 278
　　(1) 憲法の変遷とは何か ………………………………… 278
　　(2) 規範と現実の不一致 ………………………………… 279

第20章　最高法規
　1　憲法の最高法規性 ……………………………………… 281
　　(1) 人権と最高法規 ……………………………………… 281
　　(2) 国際協調主義 ………………………………………… 282
　2　憲法上の憲法保障 ……………………………………… 283
　　(1) 憲法尊重擁護義務 …………………………………… 283
　　(2) 違憲審査制 …………………………………………… 283

3 非常手段的憲法保障 …………………………………… 284
　(1) 抵抗権 …………………………………………………… 284
　(2) 国家緊急権 ……………………………………………… 285

事項索引 ………………………………………………………… 289
判例索引 ………………………………………………………… 293

第1章
憲法とは何か

1 憲法という言葉

　日本語の憲法は英語でいうConstitutionであり、ドイツ語でいうVerfassungである。英語でもドイツ語でも「構成」とか「構造」あるいは「体制」という意味の単語である。これから分かることは、憲法という法規範が国の構成に関するものであるということである。しかし憲法などといわなくても、国家があればその構成に関する規範があるのは当然である。アテネの都市国家にはその構成があり、ローマ帝国にも構成があり、さらにフランス王国にも構成があったはずである。それはなにも成文法になっていなくても、慣習として存在していることもある。このようなものを「実質的意味の憲法」と呼ぶ。これは国家であれば必ず存在するものである。これに対し憲法と呼ばれる法規範が存在する。アメリカ合衆国憲法、フランス共和国憲法、日本国憲法というようなものである。このような憲法典を「形式的意味の憲法」と呼ぶ。

　形式的意味の憲法は成文法の形で存在しているから、イギリスのように形式的意味の憲法が存在していない場合もある。イギリスでは「マグナ・カルタ」「権利の章典」「人身保護法」など、実質的意味の憲法が成文法の形で存在しているが、「憲法」と呼ばれる文書が存在しないので、不文憲法の国といわれる。また、ドイツ連邦共

和国基本法というように、形式的意味の憲法が、分断国家の片方（西ドイツ）であったという歴史的な理由により「憲法」と呼ばれないこともある。

2　近代的意味の憲法

　国があれば憲法があるという実質的意味の憲法は、どの時代にも存在したものであるが、近代においては、国民の権利や自由を保護するために国家権力を制限することを目的として憲法がつくられることになった。このような憲法を「近代的意味の憲法」と呼ぶ。いわゆる立憲主義はこの段階から始まるといってよい。この意味で「立憲的意味の憲法」ということもある。

　絶対王政といわれた時代から市民革命を経て、近代市民社会が成立する。絶対王政において国王の地位を正当化したのは王権神授説であったが、ホッブスの社会契約説が国王と臣民の関係を新たに説明した。国王はこの契約を守っている限りにおいて国王という地位にとどまることができたのである。この社会契約説を使って、名誉革命を説明したのがロックであった。国王は社会契約を破ったので、国家権力を行使する地位を他のものと交換された。新たな国家権力行使者として現れたのが国王ではなく議会だったというのである。

　この社会契約説は統治者と被治者の関係を説明するのに有用である。国民が自ら選んだ代表者であっても、国家権力を行使する側に回ったときには社会契約を破ってしまうかもしれない。そこでこれ

を成文化しておく必要があったので「憲法」という文書とした。だから憲法は、当然に国家権力を縛るものなのである。これが立憲主義というものである。フランス革命時の「人権宣言」はその16条で、「権利の保障が確保されておらず、権力が分立されていない社会は憲法を持つものではない」と記されている。これは憲法が何なのかということを明確に示している。憲法は国民に権利を保障し、この権利が権力に侵害されないために、権力を分立しておくための規範なのである。このような憲法あるいは憲法観が近代国家のあり方の基盤となっている。だから近代国家とはこのような憲法にしたがって統治されている国家でなければならない。

　市民革命の「市民」がブルジョワであったということから、近代市民社会はブルジョワ社会であった。財産と教養ある市民だけが国家の意思決定に参画し、国家の役割は市民の権利と自由を守ることで、治安の維持が主である。国家による規制は少ない方がよい。国民の権利は自由権とブルジョワに限定された参政権であり、権力分立も立法権による行政権と司法権に対する拘束が重視された。近代立憲主義とはこのようなものである。

3　近代憲法から現代憲法へ

　近代憲法が自由権を重視したために、貧富の差という問題を解決することはできなかった。そこで、国家の役割はこの問題を解決するために積極的に国民に介入することであると認識されるようになった。「夜警国家」から「福祉国家」への国家観の転換である。

参政権は制限選挙から普通選挙に拡大され、自由権のほかに社会権という権利カテゴリーのものが保障されるようになり、社会福祉・社会保障給付のため、行政の役割が拡大することになった。このような国家観と国家の役割の変化に対応する憲法が現代憲法といわれるものである。

　社会の発展と法の発展ということがよく言われるが、憲法も社会の発展に伴って発展していくものである。地球環境問題、食糧問題、安全保障問題、その他さまざまの問題が立憲主義を揺さぶるであろう。その度にこれに対応するように憲法も発展してきたし、これからもそれが期待される。社会権の成立以降、環境権やプライバシー件など新しい権利が発展してきたし、行政国家化から独立行政委員会が生まれ、国会の制定する法律に対し違憲審査制が発展してきた。この延長線上に平和主義もある。今後もさまざまに変化し発展する国際および国内社会に対応していくことが、各国の憲法に、そして日本国憲法にも期待される。それが、日本国憲法を変えることによってなのか、それとも日本国憲法の内容を精緻化することによってなのかはその時々の主権者である国民の判断による。本書では、後者の立場にたって、未だに実現されていない日本国憲法の真の具体化により、憲法の発展を試みようと考えている。

第2章
日本国憲法制定史

1 ポツダム宣言受諾と占領

　1945年8月15日、日本国民は、前日に政府がポツダム宣言を受諾したことにより日本が敗戦したことを知った。中国、アメリカ、イギリスを相手にはじめた日本の戦争は、広島、長崎への原子爆弾投下、ソ連の参戦という状況でさえ、指導者たちはまだなお「国体護持」を問題とし、戦争終結を先延ばししていたというありさまであった。

　ポツダム宣言は、日本国政府に、日本国国民の間における民主主義的傾向の復活強化に対する一切の障礙を除去し、言論、宗教および思想の自由ならびに基本的人権の尊重を確立するべきことを要求し（10項）、日本国民の自由に表明する意思に従って、平和的傾向を有しかつ責任ある政府が樹立されることを、占領軍撤収条件としていた（12項）。このポツダム宣言を受諾したことにより、大日本帝国憲法を改正する必要があるかどうかについては、消極的に考えられていた。天皇機関説で東大を追われた美濃部達吉でさえ、「憲法改正不要論」を説いていたくらいである。

　最高司令官のマッカーサーは1945年10月4日、敗戦後に成立した東久邇宮内閣の国務大臣であった近衛文麿に憲法改正に必要性を示唆し、10月9日に成立した幣原喜重郎内閣では幣原首相に憲法

改正を指示した。幣原は10月27日、国務大臣松本烝治を主任に憲法問題調査委員会（いわゆる松本委員会）を発足させた。この松本委員会は顧問に美濃部達吉、委員に清宮四郎、宮沢俊義を含む顔ぶれであったが、発足の際に松本が「必ずしも憲法改正を目的とするものではなく、調査の目的は、改正の要否および改正の必要があるとすればその諸点を明らかにすることにある」と述べていたように、憲法改正には消極的であった。さらに松本は帝国議会での発言で、天皇が統治権を総攬するという原則に変更はないと述べていた。このような委員会であったから、いわゆる「松本案」といわれる1946年2月8日に総司令部に示された改正案も天皇主権が維持されており、大日本国帝国憲法を手直ししたものでしかなかった。

2　マッカーサー三原則

　話は前後するが、2月1日に毎日新聞が松本案をスクープしていた。これは本来の松本案とは多少異なるものであったが、その保守性は総司令部の予想以上のものであり、マッカーサーは2月3日、いわゆるマッカーサー三原則を示し、総司令部民生局が自ら憲法改正草案を作成することにした。マッカーサー三原則は、①天皇は国民の意思に責任を負うものである、②戦争放棄、軍備否認、交戦権否定、③封建制度と貴族制の廃止であった（いわゆるマッカーサー・ノート）。これに基づいて作成された総司令部案（いわゆるマッカーサー草案）は、2月13日に日本政府に手渡された。この間、十日間である。憲法草案作成には短すぎる。総司令部は日本政府に

憲法改正の能力が欠けていることを見抜いて、あらかじめ草案を用意していたものと思われる。

マッカーサーが憲法改正を急いだことには理由があった。当時占領軍はほぼアメリカ軍によって構成されていたが、ソ連など他の戦勝国が極東委員会を設置して日本の占領をコントロールすることを要求し、これが決まっていた。マッカーサーはこの委員会に口出しされる前に総司令部の意図にしたがった憲法改正を実現しようと考えたのであった。

日本政府は帝国憲法改正の総司令部案に抵抗するが受け入れられず、3月6日「内閣憲法改正草案要綱」の発表となった。4月10日に衆議院議員選挙が行われたが、これが帝国議会最後の選挙であった。4月17日、「要綱」をもとにつくられた内閣草案が発表され、枢密院での審議後、6月20日に帝国議会に付議された。衆議院と貴族院でいくつかの修正後、10月7日に帝国議会の議決確定された。10月29日に枢密院での可決を経て、天皇による裁可後に11月3日に公布され、憲法100条のとおり翌年1947年5月3日に施行された。

3 日本国憲法の正当性

(1) 押し付け憲法か

日本国憲法は総司令部に押し付けられた憲法であるという議論がある。押し付けられたと感じたとすれば、それは当時の日本支配層であった。憲法というものは国家権力を行使する者が国民によって

押し付けられるものであるから、国民が提案して議会の審議を経て作られたものでも、支配層にとっては押し付けられたものと理解するであろう。支配層が押し付けられたと思わない憲法は、天皇が制定した欽定憲法か、支配層自らが総司令部の干渉を排除して制定した憲法でしかないだろう。そうすればそれは国民にとってみれば押し付けられた憲法になる。そのようなものは立憲的意味における憲法ではない。

　もし、総司令部案が存在せず、国民が自ら憲法を作ったとしたら、日本国憲法のようなものはできなかったと思われる。総司令部案をもとにした日本国憲法であるが、帝国議会の審議を経て制定され、国民には圧倒的に支持されたものであった。その意味では、国民が押し付けられたものではなかった。しかし、本来の憲法がそうであるように、国民が支配層に押し付けたものでもなかった。今後憲法を改正することがあるとすれば、1946年ではなく、国民主権と民主主義が確立した日本で、国民が政府に押し付けるものでなければならないだろう。その逆ではないのである。

(2) 改正の限界か

　日本国憲法制定は、大日本帝国憲法の改正としてその73条の手続きによって行われた。その内容は旧憲法とは大いに異なる。天皇が統治権の総攬者から象徴となり、国民主権原理が採用されている。これは「改正」としては限界を超えているのではないかと考えることも一理ある。これを乗り越えるものとして、宮沢俊義教授の「八月革命説」がある。この説によれば、ポツダム宣言の受諾により、これと矛盾する旧憲法の原理は効力を失ったことになる。ポツ

ダム宣言12条は国民主権を求めているから、これを受諾した時点で天皇主権から国民主権に転換したことになる。この主権者の変更は社会科学的（法的）意味における革命である。この革命の結果を、日本国憲法は国民主権原理として採用しているのである。

　この説からすれば、大日本帝国憲法の改正手続きがとられたのは便宜上のことで、大日本帝国憲法改正による日本国憲法という、憲法のいわゆる連続性は存在しないことになる。ポツダム宣言受諾により大日本帝国憲法の基本原理は廃止され、日本国憲法制定により改めて新しい基本原理が成立することになったのである。

第3章
天皇制

1 天皇の地位

(1) 象徴

　日本国憲法第一章が天皇に関する規定であることは意外に知られていないようである。これは旧憲法である大日本帝国憲法の改正によって日本国憲法が成立したことにより、章立てを踏襲したことによるものである。

　憲法1条は「天皇は、日本国の象徴であり日本国民統合の象徴」であると定め、この地位を「主権の存する日本国民の総意」に基づくものとする。象徴とは、ハトが平和の象徴であるとか、赤いバラが情熱の象徴であるなどというのと同じ意味である。

　旧憲法がその1条で「大日本帝国ハ万世一系ノ天皇之ヲ統治ス」と定め、3条で「天皇ハ神聖ニシテ侵スヘカラス」とし、4条で「天皇ハ国ノ元首ニシテ統治権ヲ総攬シ此ノ憲法ノ条規ニ依リ之ヲ行フ」と定めたように、絶対君主政に近い立憲君主政、神権天皇制、天皇主権を定めていたものを、日本国憲法では、国民主権と象徴天皇制に入れ替えたということである。

　憲法が天皇を日本国と日本国民統合の象徴としたことにより、国民が天皇を国の象徴として考えなければならないということでもなく、国民の総意に基づくとしたからといって、現実の国民が天皇と

象徴とすることに同意しているかどうかが問題となることもない。この規定は天皇が象徴であることと、国民が主権者であることを宣言している規定であると理解すべきものである。

(2) 君主

　象徴である天皇は君主かどうかが論じられることがある。君主とは何かということについて、かつて清宮教授は、①単一人が構成する機関、②地位の世襲制、③伝統的な威厳、④統治権のうち少なくとも行政権の一部を担当、⑤象徴的機能、⑥対外的に国家を代表、⑦自己の行為に責任を負わないこと、を挙げ、天皇には④と⑥が欠けていることを指摘したうえで、君主といったとしてもあえて誤りというほどではないというニュアンスのことを述べた。宮沢教授は、④と⑥が欠けていることで君主ではないとした。

　憲法史的には、かつての絶対君主政から立憲君主制に移行するにあたり、君主の権限から立法権を奪って国会に、裁判権を奪って裁判所に、そして最後に君主に残ったものが行政権であった。ここで君主の標識を考えれば、④の標識が君主には必要であるということになるが、歴史が次の段階に進むと、君主の存在そのものをなくしてしまう、あるいは君主から④や⑥の権限を除去するということが考えられたともいえるだろう。フランスやアメリカ合衆国は前者の行き方をとることにより共和政となり、日本は後者の行き方をとることによって立憲君主制の最終段階、つまりもっとも共和政に近い立憲君主制として象徴天皇制を採用したと理解することができる。

　憲法で「天皇」という世襲の地位を置き、これを国の象徴とし、後に述べる国事に関する行為を行う存在を「君主」ではないといっ

ても、特に対外的に説得力を欠くであろう。先の標識の④と⑥以外はあてはまるのであるから、これを君主といって不都合が生じるわけではないと思われる。ただし、天皇が君主であるか否かで法的に異なる効果が生じるわけではない。とすれば、この議論はあまり重要なものではないといえるだろう。

(3) 元首

元首とは、対外的に国家を代表する機関という意味で使われる。先の君主の⑥の標識である。日本国憲法における対外的代表権限は内閣に属している。憲法73条が、外交関係の処理や条約の締結を内閣の事務としていることから明らかである。

しかし憲法7条が、批准書その他の外交文書の認証、外国大使・公使の接受を天皇の国事行為としていることから、天皇の元首としての性格が議論されたことがある。しかし国事行為は政治的権限ではなく、形式的、儀礼的な行為であるから、これを理由に天皇を元首とすることはできない。そうなると日本の元首は誰かという議論にもなりそうだが、必ずしも国家に元首が必要であるとはいえないので、日本には元首はいないという結論が妥当であろう。

2 皇位継承

(1) 世襲制

憲法2条は「皇位は、世襲のものであつて、国会の議決した皇室典範の定めるところ」によって継承するとしている。天皇の地位は、

特定の家族(皇族)に限定されるというのが憲法の趣旨である。この規定は、封建制を否定した近代憲法の範疇にある日本国憲法が、その民主的性格の中に唯一残した封建的部分である。主権者国民の総意に基づいた象徴天皇が世襲であることは当たり前のように考えられるかもしれないが、憲法史における意味は重要である。

　世襲制という封建的性格をもつことから、地位の世襲以外の事柄についても封建的であることは憲法上問題になるとは思えない。女帝が認められないことが性差別ではないか、信仰の自由や表現の自由、居住移転の自由が制限されていることは人権侵害ではないかということなどが問題となることはない。

(2) 皇室典範

　皇室典範は国会の定める法律であるから、皇室事項は国会の統制を受けることになる。典範1条は「皇位は、皇統に属する男系の男子が、これを継承する」と定める。4条は「天皇が崩じたときは、皇嗣が、直ちに即位する」と定める。これらの定めによると、女系あるいは女性の天皇は認められず、生前退位もできないことになる。しかし、これらは国会による典範改正により変更することができる問題である。

3　国事行為

(1) 助言と承認

　憲法3条から7条は、天皇の国事に関する行為の規定である。象

徴である天皇は個人であるから、図案や動物と異なり、人として行為する。それは私的なものと公的なものに分類できる。公的なものというのは、少なからず国政に関わる行為をいうと考えられる。この国政に関わる行為を、憲法は国事行為として列挙して、内閣の「助言と承認」のもとに行うこととしている。

憲法3条は「天皇の国事に関するすべての行為には、内閣の助言と承認を必要とし、内閣が、その責任」を負うものとしている。ここでいう内閣の「助言と承認」とは「助言」または「承認」があればよいと「助言」と「承認」を別々に考えてはならない。天皇からの国事行為を行う旨の提議を内閣が「承認」するということは、天皇の国政関与を認めることになるし、内閣の「助言」に基づく国事行為を天皇が行ったあとで「承認」するということは意味がないからである。この「助言と承認」は一体としての内閣の行為と考えなければならない。

内閣の「助言と承認」の中に何らかの実質的な意味を読み込むべきではなく、これは法的に決定権のある機関が行った実質的決定を、国事行為として天皇が行うための形式的手続として考えるべきである。実質的決定を行った機関が内閣であっても、改めて「助言と承認」を行うことによって天皇の国事行為が行われることになるのである。

(2) 国事行為の限定

憲法4条1項は「天皇は、この憲法の定める国事に関する行為のみ」を行うものとし、「国政に関する権能を有しない」と定める。この「憲法の定める国事に関する行為」は6条と7条に明記されて

いる。

　国事行為を憲法が限定的に列挙していることにより、これら以外の行為を公的に行うことはできないと考えなければならない。象徴としての行為として国事行為以外に公的行為を認めたうえで内閣の「助言と承認」でしばりをかけ、内閣の責任のもとに行わせようとする見解もあるが、「国政に関する権能を有しない」として天皇と政治を切り離す憲法の趣旨からすると、憲法の列挙するものに限定する方が一貫性ある解釈といえる。この場合にも、国会開会式での「おことば」を7条2号の「国会を召集すること」に含めて考えたり、諸外国訪問を同条9号の「外国の大使及び公使を接受すること」に対応したものと考えたりするなどの解釈上の一工夫が必要となる。

　また皇室財産との関わりで、7条10号にいうところの「儀式」が宗教色を帯びることは政教分離原則から許されず、宗教的儀式である場合には私的行為として行われ、宮廷費ではなく内廷費から支出しなければならない。

(3) 皇室財産

　憲法8条は「皇室に財産を譲り渡し、又は皇室が、財産を譲り受け、若しくは賜与することは、国会の議決に基かなければならない」とし、また88条は「すべて皇室財産は、国に属する。すべて皇室の費用は、予算に計上して、国会の議決を経なければならない」と定め、皇室財産管理と費用支出を国会の監督下に置くことにしている。皇室費用は、公費である宮廷費と、私費である内廷費、皇族費がある。

第4章
平和主義

1 平和憲法の意義

　日本は敗戦国である。敗戦国の行き方として三通りのものがあると思われる。第一に、次の戦勝国となるために準備することである。第二に、戦勝国の傀儡政権あるいは属国とまではいわないものの、国際社会で戦勝国に追従する道を行くことである。第三に、戦勝国とは距離をとり、今後戦勝国にも敗戦国にもならないように、戦争を避け、国際問題が生じたときには武力以外の方法で貢献しようとする道である。

　第一の道を行くならば、平和憲法などと気取っているわけにはいかない。第一次世界大戦に敗れたドイツが準備したように、第二次世界大戦敗戦国の日本は準備しなければならない。しかしこの道はあまり賢明とは思えない。次の戦争をすることの意味はないように思われる。ドイツが準備した時代とは世界の状況は大きく異なる。あれだけ準備したドイツでさえ第二次世界大戦でも敗戦国である。日本には、戦勝国であるアメリカ合衆国、ロシア、中国、イギリス、フランスを相手に闘うリスクを負うメリットも勝ち目もないと思われる。よってこの第一の道は却下されることになる。

　第二の道はそれほど悪くはなさそうである。軍備を持たない弱小国として、戦勝国にリスクのない国として振る舞い、戦勝国の必要

とするものは用立て、戦勝国の生産品は工業製品であろうが農業生産物であろうが低い関税で、あるいは関税なしで輸入することによって戦勝国の産業を支え、戦勝国の国債を大量に購入することによって戦勝国の財政を支え、国際社会では戦勝国の不利になるような行動はしない。さらに、戦勝国の軍事基地を置かせて訓練と実際の軍事活動に貢献し、戦勝国の必要に応じて桃太郎に付いていった動物たちと同じような役割を果たすことも可能である。これで次は敗戦国になることは免れる。しかし、この第二の道は少しばかり恥かしいものになりそうである。

　第三の道は非軍事中立国となることである。戦争や国際紛争、内乱のような軍事的問題が生じたときは、軍事行動以外の道を探ることに力を尽くす。軍事問題以外の国際問題には積極的に貢献することにより存在感を示す。環境問題、気候変動、食糧問題、医療問題、難民問題、大規模災害など、そのような問題や災害に襲われた国が、一国では解決できない事がらが世界にはあるだろう。そのときに武力をもって何が解決できるのか。テント、毛布、薬品、文房具、機械、技術者、医療従事者など、必要なものを即時に必要な場所に供給できる能力を発揮することができる国になること。この第三の道は、国際社会で少しは尊敬される国になれそうな道である。

　日本国憲法の目指す国家は、この第三の道であるように思われるのである。前文1項が「政府の行為によつて再び戦争の惨禍が起ることのないやうに」と述べ、2項で「平和を維持し、専制と隷従、圧迫と偏狭を地上から永遠に除去しようと努めてゐる国際社会において、名誉ある地位を占めたいと思ふ」と述べていることから、第一の道と第二の道を導き出すのはかなり難しい。

まだ20世紀が数年残っている頃、一部の憲法学者たちが軍事ではない国際貢献の選択肢として「サンダーバード」に注目したことがあったが（サンダーバードと法を考える会編『きみはサンダーバードを知っているか』日本評論社）、このアイディアは継承されていないように思われる。多くの国民が自衛隊に抱くプラスのイメージは、大震災の時に救助活動などに従事する姿ではないだろうか。東北大震災時における自衛隊の活動に共感した人は多いだろう。そうだとすれば、その活動はなにも迷彩服で行われる必要はない。本来災害救助活動を任務とする組織をつくっておき、日本国内だけでなく、世界で生じた大規模災害に対応できるよう訓練することは、「名誉ある地位を占めたい」という憲法の趣旨に合致する。現実にこのような活動をしている国家を侵略しようとする国は、今の世界にはないだろう。

　日本国憲法は平和憲法といわれるように、軍事に対して距離を置くことにしている。それが憲法9条として条文化されているが、その内容は様々に理解されているようであるし、政権党による改憲の対象ともなっている。9条の条文からどのような理解が可能で、そこから何ができて何ができないのか、何が問題なのかを考えることにする。

2　戦争の放棄

　憲法9条1項は「日本国民は、正義と秩序を基調とする国際平和を誠実に希求し、国権の発動たる戦争と、武力による威嚇又は武力

の行使は、国際紛争を解決する手段としては、永久にこれを放棄する」と定めている。この条文の主としていいたいことは、「国権の発動たる戦争」、「武力による威嚇」、「武力の行使」の放棄である。その理由が、正義と秩序を基調とする国際平和を誠実に希求するからである。戦争は不正義であり、戦争により秩序は破壊されてしまう。正義の戦争というものがあり、戦争によって成り立つ秩序というものもあるのだと言いきることができれば話は別だが、人類の歴史上、戦争は不正義と無秩序をもたらしてきたものと言ってよいと思われる。だから正義と秩序は平和の基盤となり、この平和を国際的に求めようとする意図がここには存在する。

この条文でこれまで問題とされてきたのは、「国際紛争を解決する手段としては」の部分である。「国権の発動たる戦争」の部分を、国権の発動ではない戦争は放棄していないなどという、まるで言葉遊びのような議論は無視すべきだろう。戦争が主権国家の権力発動として行われてきた人類の歴史を反映した表現とみてよいからである。この戦争と、「武力による威嚇」、「武力の行使」を「国際紛争を解決する手段としては」放棄するということが、二つの意味にとらえられてきた。一つは、これらの行為はすべて国際紛争を解決する手段としてとられてきたと考えることである。そうすれば全面的にこれらの行為を放棄していることになる。これを一項全面放棄説という。いまひとつは、これらの中には国際紛争を解決する手段としてではないものがあると考えることである。そうすると、放棄しているのは国際紛争を解決する手段としてのこれらの行為であり、国際紛争解決手段ではないこれらの行為は放棄されていないということになる。一項部分放棄説という。国際紛争解決手段としてのこ

れらの行為としては、侵略戦争や武力を背景とした領土の割譲や独占貿易権などの特権要求を意味するといわれる。ここから自衛戦争のようなものは放棄の対象ではないという解釈が引き出されたのである。

しかし、自衛戦争が国際紛争を解決する手段ではないというのは強弁に過ぎると思われる。自衛戦争というからには、他国からの攻撃を受けて国際紛争が発生しているのであるから、自衛戦争はいつでも国際紛争を解決する手段であろう。また攻撃されてもいないのに、攻撃が迫っているから今のうちに「反撃」しておく必要があるというなどということがまかり通る可能性もある。そもそも「これは侵略戦争です」などといって戦争を始めたことは、近代国家成立以後はないといってよい。戦争はすべて自衛のためという大義名分で始められたのである。そうすると自衛戦争と侵略戦争の区別そのものが不可能なものになる。そもそも前文４項で「国家の名誉にかけ、全力をあげてこの崇高な理想と目的を達成することを」誓った日本国民が、自衛戦争を放棄していないなどというけちくさい平和主義を掲げていると考えられない。１項の解釈としては一項全面放棄説が正しいだろう。

3　戦力の不保持

同条２項前段は「前項の目的を達するため、陸海空軍その他の戦力は、これを保持しない」とする。この条文で問題とされてきたのは「前項の目的を達するため」という部分である。ここでいう「目

的」を一項全面放棄説の意味に取れば、すべての戦争を放棄するという目的のために戦力を保持しないという理解ができる。これを一項全面放棄・二項全面不保持説と呼んでおく。

　一項部分放棄説をとったとしても、この２項の「目的」を「正義と秩序を基調とする国際平和を誠実に希求する」ためと理解して、ここからすべての戦力を保持しないと考えることもできる。これを一項部分放棄・二項全面不保持説と呼ぶことにする。この考え方が多数説であるように思われる。この説をとると、憲法９条の特色は２項にあるということになる。

　この「目的」を一項部分放棄説にとれば、一項で放棄した侵略戦争放棄を実現するための戦力を放棄したと理解することができ、自衛戦争目的の戦力を持つことは当然許されることになる。この考え方を一項部分放棄・二項部分不保持説と呼ぶことにする。

　前述したように１項の理解は全面放棄であるから、一項全面放棄・二項全面不保持説が９条の正しい理解ということになる。この説には、１項で全面的に戦争を放棄したのであれば、当然に戦力を持つことはないはずだから、２項の規定は不要なはずだという批判もあるが、１項ですべての戦争を放棄したうえで、それを確実とするために２項ですべての戦力を保持しないことにしたと理解しておけばよいのではないだろうか。

4　交戦権の否認

　同条２項後段は「国の交戦権は、これを認めない」としている。

ここでいう「国の交戦権」が何なのかが議論の対象となってきた。「前項の目的を達するため」という文言は、この部分にはかかっていないと思われる。主語はもちろん「日本国民」である。

　1項で戦争などを放棄し、2項前段で戦力を持たないことにしたので、日本は交戦することができないことになっている。それにもかかわらずこの2項後段があることを、だめ押しのかたちで一切の戦争をしないことを宣言していると理解することができる。また、ここでいう「交戦権」は、交戦する権利ではなく、交戦国が国際法上認められている船舶の臨検・拿捕、貨物没収、占領地行政など、各種の権利をいうとする説もある。しかし、日本は交戦国にはならないのだから、このような理解は成立しないのではないだろうか。

　ここでいう「国」が、「日本国」のことだけではなく、一切の国に「交戦権」というものがあることをそもそも認めないという趣旨だと考えることはできないだろうか。もちろん日本国憲法の適用範囲は日本国に限られているから、諸外国の交戦権を否認することはできないが、交戦している国あるいは交戦しようとしている国に対して、日本政府が支持を与えたり、何らかの援助をしたりすることを、日本国民としては認められないということを宣言したと考えればその意味としては十分であろう。このように考えることは憲法前文にいう「日本国民は、恒久の平和を念願し、人間相互の関係を支配する崇高な理念を深く自覚する」ことや、「いづれの国家も、自国のことのみに専念して他国を無視してはならない」ことを「自国の主権を維持し、他国と対等関係に立たうとする各国の責務」であるとしていることと合致すると思われる。

5　自衛権

　憲法9条の解釈の中で「自衛権」に言及されることがある。憲法9条が自衛戦争を放棄していないと考える立場は、この自衛権を「国家に固有」のものだから放棄できないものだということをその理由とするし、戦力をすべて保持しないとする立場でも、戦力とは異なるところの自衛権から引き出される「自衛力」を保持することは許されているとする立場もある。また全面放棄の考え方を取った場合であっても自衛権を否定せず、戦争や武力でそれを行使するのではなく、外交や群民蜂起のかたちで行使するとする立場もある。しかし、外交は外交であって自衛権とは考えられないし、核戦争時代に群民蜂起をまじめに自衛権の一手段と考えることに意味があるとは思えない。「自衛権」というものは、他国との関係の中で自衛できるに値する「自衛力」によって行使されるものではないだろうか。

　そうすると自衛力の規模が自衛権の実現には重要な要素となってくる。近隣の国が戦闘機や爆撃機を持っているにもかかわらず、こちらは大砲だけというのでは有効な自衛力とはいえない。ミサイルにはミサイルを、核兵器には核兵器を、そうでなければ自衛力としては不十分である。第一次世界大戦前の「武装平和」といわれたヨーロッパや、冷戦時代の東西問題を思い出してみるべきであろう。このような自衛権は、平和憲法と呼ばれる日本国憲法のイメージとは異なるように思える。

国家に何らかの権能や権利があるときは、立法権、行政権、司法権のようにそれが憲法で明文化されていなければならない。自衛権についての条文が存在せず、9条で戦争と武力の行使が否定されている日本国憲法では、自衛権自体を認めていないと理解することもできる。自衛権は「国家に固有」の権利だから否定することはできないとする考え方は、個人の正当防衛にたとえて説明するが、固有の権利を主張できるのは個人だけというのが近代立憲主義の建前である。だから、個人同様に国家が固有の権利を主張できるとはいえないのである。

6　平和的生存権

　前文2項は「全世界の国民が、ひとしく恐怖と欠乏から免かれ、平和のうちに生存する権利を有することを確認する」と述べる。この部分は平和的生存権と呼ばれる。日本国憲法の平和主義が日本一国の平和を目指したものでないことは、ここから明らかである。

　戦争で殺されるかもしれない恐怖、食糧も住む場所もなくなってしまう欠乏、これらのものから解放されるためには、平和でなければならないことを明らかにしたといえる。この平和的生存権は9条の解釈の指針となる。しかも「全世界の国民」が主語であるから、世界平和に積極的に関与するという国のあり方を宣言したものともいえる。恐怖と欠乏は戦争以外に自然災害によっても生じる。これらに対応するために「われら（日本国民）」はこの国がどのような行き方をすべきなのかに責任を負っている。

7　9条をめぐる裁判

　後に違憲審査制のところで触れるものもあるが、9条をめぐるいくつかの裁判があった。警察予備隊違憲訴訟では、最高裁判所は具体的事件がない場合に抽象的に審査することはできないとして、訴えを却下した（最大判1952/10/8）。日米安全保障条約に基づくアメリカ軍の駐留の違憲性が問題となった砂川事件では、東京地方裁判所の違憲判決（東京地判1959/3/30・いわゆる伊達判決）を受けて異例の跳躍上告を受けた最高裁判所は、一見極めて明白に違憲無効と認められない限り裁判所の違憲審査の対象とならないという、統治行為論の変形のような理屈で憲法判断を避けた（最大判1959/12/16）。自衛隊の違憲性が初めて問題とされた恵庭事件では、札幌地方裁判所が法律の解釈問題で決着をつけ、憲法判断に踏み込まなかった（札幌地判1967/3/29）。再び自衛隊の違憲性が問題となった長沼事件においては、札幌地方裁判所で唯一の違憲判決となったが（札幌地判1973/9/7・いわゆる福島判決）、控訴審の札幌高等裁判所は統治行為論により憲法判断を避けたうえで、代替施設を理由に住民の訴えの利益なしと判断し（札幌高判1976/8/5）、最高裁判所もこれを追認し（最判1982/9/9）、ついに自衛隊の違憲性には触れずにこの裁判は終了した。国の私法上の行為をめぐる事件で自衛隊の違憲性が問題とされた百里基地訴訟でも、最高裁判所は、国が私人と対等の立場で私人との間で締結した契約は特段の事情のない限り、憲法9条の直接適用を受けないとして、違憲性の判

断には触れずに終わった（最判1989/6/20）。

　このように地方裁判所レベルでは違憲判決も存在するが、最高裁判所では9条が問題となった裁判において、一度も合憲あるいは違憲の判断をしていないのである。これを司法の消極的な態度というかどうかは別として、自衛隊と日米安全保障条約は既成事実として日本に定着してきたかのように見える。しかし現在の自衛隊と日米安全保障条約のあり方や、日本が国際貢献に果たす役割を考えると、それは9条の理念からずいぶんかけ離れたものになっているようにも思われるのである。

8　9条の現状

　日本国憲法が制定された当初は、9条によって一切の軍事力の保持は許されないものと理解されていた。1950年6月に朝鮮戦争が起ると、日本に駐留していたアメリカ軍がこれに動員され、それを補うためにマッカーサーの指令により警察予備隊が創設された。1951年9月にサンフランシスコ平和条約と同時に日米安全保障条約（旧条約）が締結され、これ以後もアメリカ軍の駐留を受け入れることになったが、このアメリカ軍には日本防衛の義務はなく、日本国内の治安維持に出動することができるなど、片務的で日本の従属性を意味するものであった。1952年に警察予備隊は保安隊と警備隊に改組され、さらに1954年に結ばれた日米相互防衛援助協定（MSA協定）により、日本は防衛力強化の義務を負うことになり、同年、保安隊と警備隊は自衛隊に改組された。こうなると先の片務

条約である日米安全保障条約の改定が政治日程に上がってくることになる。国民の大反対を受けたにもかかわらず、岸内閣によって結ばれた日米安全保障条約（新条約）は、「日本の施政の下にある領域における、いずれか一方に対する武力攻撃」に対して「共通の危険に対処するように行動する」（5条）という共同防衛を規定し、また、「日本国の安全に寄与し、並びに極東における国際の平和及び安全の維持に寄与するため」アメリカ軍が駐留することとされた（6条・いわゆる「極東条項」）。これで片務的条約から相互協力的条約となったわけだが、これで従属性を免れたかどうかは明らかではない。

この後、60年代から80年代にかけて、冷戦構造の中で9条をめぐる運動と裁判闘争が行われることになった。ところがベルリンの壁崩壊からソ連消滅という劇的な展開により冷戦の終結となると、それまで冷戦構造の中で抑えられてきた民族的宗教的対立が戦争のかたちで具体化するという状況になった。1991年の湾岸戦争以降、それまで言われたことのない「国際貢献」というスローガンの下で、自衛隊の海外活動を可能にすることが政治的課題になった。1992年にPKO協力法が制定され、自衛隊は国連の平和維持活動（Peace Keeping Operation）に参加することができることになった。この平和維持活動という日本語訳は事柄の本質を隠蔽していると思われる。Operationは本来「作戦」と訳すべきであり、軍事行動なのであるが、これでは自衛隊が参加することのできないものになってしまうため、「活動」という訳語が充てられているのであろう。

1997年に「日米防衛協力のための指針」（いわゆる「新ガイドライン」）が締結されると、周辺事態におけるアメリカ軍に対する後

方支援が課題となった。1999年、周辺事態法が制定されると、アメリカ軍に対する後方支援というかたちで自衛隊の役割が拡大されることになった。2001年9月11日のアメリカ同時多発テロを契機として、自衛隊には新たな役割が課せられるようになり、同年、テロ対策特措法が制定され、自衛隊の支援活動は公海や外国の領域（当該国の同意を要する）に拡大された。さらに2003年のイラク戦争後、同年7月、イラク復興支援特措法が制定され、自衛隊はイラク国民に対する人道復興支援とアメリカ・イギリス軍に対する安全確保支援が行われることになった。また、2004年には国民保護法、米軍支援法など七法律からなる有事法制が整備された。2014年には、閣議決定において集団的自衛権の行使が限定的とはいえ容認されることになり、これに対応するために2015年にはいわゆる安全保障関連法制の整備として、支援活動を常時できるようにする国際平和支援法の制定はじめ、自衛隊法やPKO法改正などにより自衛隊の活動範囲拡大だけでなく、軍事国家化へ踏み出したといってよい。

　しかし、自衛隊の成立、日米安全保障条約から、現在の安保法制まで全てが憲法9条に反する。このような状態は「規範と現実の不一致」であり、これを放置することは立憲主義の危機である。この危機を打開するために、憲法を改正する方向に動くか、憲法を守る方に動くかは主権者国民の判断によるだろう。どちらの判断をするかによって、日本とその国際関係における立場は大きく変わることになる。第二次世界大戦での敗戦により日本が学んだことは国際問題の平和的解決だったはずである。国際社会にはまだ軍事的紛争が存在している。しかしこの状況を打開するために、平和的手段によることを戦後の日本は選択した。この選択は重い。これまで日本は、

国際政治と外交により戦争が起こらない社会の構築にどれだけの努力をしてきただろう。平和国家としての選択を誤ってはならないのである。

第5章
人権総論

1 人権の歴史と観念

(1) 近代的権利から現代的権利へ

　近代国家の成立は、憲法によって国家権力を制限しようとする社会の成立であった。国家権力が介入できない個人の領域を保障し、自由に行為できる人間をつくり出したことが、立憲主義のひとつの成果であった。自ら判断し、行動し、その結果を受け入れる個人こそ近代的個人である。それは国王の支配に服する個人でもなく、ギルドや荘園など中間団体に従属しながらも守られている個人でもない。国家と向き合いながら自律して生きる「強い個人」であった。

　しかしこのような個人は、国家に帰属するすべての国民をいうのではなく、実は国家運営の担い手となるブルジョワであったことは、市民革命の「市民」も市民社会の「市民」も「ブルジョワ」であることから明らかである。絶対王政時代に財産を蓄え、実力をつけてきたブルジョワたちが、自分たちの自由を謳歌できる社会をつくり出したのが「市民革命」であり、その結果成立したのが「市民社会」であった。その結果、近代憲法が保障したのは、ブルジョワにとって重要であった権利に限られたのは当然のことであった。

　財産とその行使は、財産を有し、経済活動によってそれを増殖させようとするブルジョワにとって最大の興味関心であっただろう。

だから財産権は近代憲法が保障する権利である。

　国王の代わりに代表議会が国家の方針を決定する近代国家において、誰が代表となるかは国家の政策決定と根本的にかかわる。そこで選挙権をブルジョワに限る制限選挙を採用した。

　何がブルジョワの利益を実現あるいは損なうのかという議論は、国家が政策を決定する際にブルジョワの関心事であり、それを誰が行うのか、現政府は行っているのかなど、政府を批判し、候補者を新たな代表として選び、国家政策に影響を与えるためには議論が必要である。その議論が可能になるには、表現の自由が保障されていなければならない。

　近代以前の社会においては、宗派の対立は内乱や宗教戦争を引き起こした。近代国家が安定した社会を確立させるには、このような宗教に基づく争いを避けることが必要であった。そこでどの宗派を信じていようとも不利益を課されないことと、政府自体が宗教と距離をとることが定められた。信教の自由と政教分離の組合せである。

　このようなものが近代憲法の定める権利であり、それらによってブルジョワは自由を享受でき、その自由な経済活動は資本主義の発展の原動力となっていった。このような近代社会の原則に「契約自由の原則」がある。契約、つまり人と人との経済的な結びつきに国家はかかわらず、自由な個人の決定に委ねておけばそこに「見えざる手」が働くことにより社会は円滑に運営されると考えられていたのである。その前提には、近代社会は自由で平等な個人からなる社会であるという、実際とは異なる前提があった。王侯貴族などの特権階級を廃止した近代市民社会は、平等な社会ではなくブルジョワが支配する社会であった。財産を持つ者と持たない者が国家からの

介入なしにする契約は、いつも前者の有利に働く。雇用契約において、長時間低賃金労働が常態となるのはこのためである。そこから生み出される失業と貧困は、近代社会の当然の結果であった。近代国家はブルジョワ階級と労働者階級の対立する不安定な要素を内包していたといってよい。国家の役割は治安の維持と国防などに限定され、「小さな政府」で十分であった。このような国家は「夜警国家」と呼ばれた。

　労働者階級が自らの地位向上を実現するためには、選挙権を得ることが必要だった。選挙権獲得の運動は普通選挙制として結実した。労働者、農民などの代表が議会に送り込まれると、彼らの利益が法制化されて実現されることになる。憲法上の権利も貧困に対応するものが加えられ、生存権や労働者の権利など政府の施策を要求することが権利とされるようになった。政府が貧困その他の問題に対応するために国民とかかわらなければならなくなると、政府の事務量も増えて「大きな政府」と呼ばれることとなる。国民を放っておくのではなく、何らかの介入を行うことにより国民生活を実現する国家を「福祉国家」と呼ぶ。

(2) 権利の分類

　イエリネクは憲法が保障する権利を、国家に対する国民の地位を四つに分けて、それぞれに対応する権利に分類した。国家の介入を受け入れなければならない国民の地位を「受動的地位」と呼び、ここからは義務が生じる。国家の介入を拒絶する国民の地位を「消極的地位」と呼び、ここからは自由権が生じる。国家に何らかの施策を要求できる国民の地位を「積極的地位」と呼び、ここからは受益

権が生じる。当時は近代国家だったから社会権という発想はなかったであろうが、現代ではここに社会権も含まれることになる。そして、国家機関として機能する国民の地位を「能動的地位」と呼び、ここからは参政権が生じる。この分類は、前近代社会には国王に対する義務しか存在せず、近代社会においては自由権と制限選挙の参政権が生まれ、現代社会では社会権と普通選挙の参政権が生まれたという権利の歴史的発展と呼応する。もちろんイエリネクの分類ですべての権利が説明できるわけではないが、憲法上の権利とは何かを理解するための重要な指針となるであろう。

憲法が保障する権利の理解について、量的に拡大されたものと考えるか、質的に限定されたものとして考えるかという違いがある。前者は憲法で保障される権利をすべて人権と理解し、歴史とともに人権も増えてきたという理解に立つ。第一世代の人権として「自由権」が、第二世代の人権として「社会権」が、そして第三世代の人権として「新しい権利」が対応するものと考えられる。この理解に立てば、人権は必要に応じて時々規制されるものということにならざるを得ない。財産権が人権ならば、公共の福祉のために規制されるのは当然ということになるし、選挙権も人権ならば、一定年齢にならなければ行使できない人権があることになる。労働基本権が人権ならば、人権は一定の社会的地位によって左右されるものもあるという理解になる。表現の自由や思想の自由はどうなるであろうか。これらも時と場合によっては規制されるものとだとすれば、人権はさして有り難みのないものになってしまうのではないだろうか。

後者の質的限定の考え方に立てば、人権とは、自然状態においても人間が有していたはずの自然権、前国家的権利をいうことにな

る。人権の定義としてよく言われる、「人が生まれながらに有している権利」に合致するのはこちらではないだろうか。生まれながらに人であれば誰でも有している権利は、国家がなくても、特定の年齢や立場にならなくても保障されているものであろう（その意味で「人一般」の権利という言い方ができる）。そしてこれは決して奪われることのないものであり、個人が自律するためには最低限必要なものであり、人間として最低限絶対なものと理解できるはずである。おそらくそれは精神の自由に属するもの、個別に挙げれば思想の自由、信教の自由、表現の自由であろう。これらは国家が介入しようとしたときに、それを切り捨てることのできる「切り札」としての役割を果たす。「切り札としての人権」といわれるときには、このような意味で使われる。

これに対して、選挙権のように年齢によって制限があったり、労働基本権のように労働者という立場に限定されたりする権利などは、人権ではないけれど憲法で保障してあった方がよいであろう権利という意味で「憲法上の権利」と呼ぶ。これは「憲法上の権利」が「人権」に対して軽視してもよいというわけではないことに注意すべきであるが。

この考え方からすると、女性や子どもという「一部の」人にだけ保障される人権はないから、「女性の権利」「子どもの権利」という言い方をすることになる。「新しい権利」も同様である。人権は生まれながらに自然状態においても存在していたものだから、「新しい」ものではないはずである。また、「人一般」の権利であるから、個人が主体とならないものが人権と理解されることはない。表現の自由は人権だとしても、その一内容である「報道の自由」は報道機

関という法人によって行使されるので、人権とは理解されない。

　人権を質的に限定して理解することは、国家による制約から免れるための戦略ともいえる。憲法が保障する権利は、さまざまなかたちで制約されることがある。職業のいくつかは自由に選択できず、免許や資格が必要である。土地は財産だとしても、その使い方は制限が設けられている。選挙権は18歳以上限定である。労働者でない者にストライキ権はない。しかし、これらの制約は何らかの理由があって、制約した方が社会全体としてみれば好ましいから存在するのである。憲法上の権利にはこのような制約が妥当する場合がある。しかし、人権は人間にとって、もっと根本的な権利であるから絶対である。もしこれを制約しなければならないときがあるとしたら、それを許せば、他者の人権を侵害してしまうとき、個人としての尊厳を奪ってしまうようなときに限られるであろう。

2　公共の福祉と人権

(1) 一般的制約原理

　憲法12条は「この憲法が国民に保障する自由及び権利は、国民の不断の努力によつて、これを保持しなければならない。又、国民は、これを濫用してはならないのであつて、常に公共の福祉のためにこれを利用する責任を負ふ」と定める。また憲法13条後段は「生命、自由及び幸福追求に対する国民の権利については、公共の福祉に反しない限り、立法その他の国政の上で、最大の尊重を必要とする」と定めている。ここにある「公共の福祉」という文言が何を意

味するのかが問題にされることがある。憲法が保障する権利を制限する理由として、「公共の福祉」が理解されてきたからである。

憲法制定当初においては、公共の福祉は権利制約の一般的な理由とされてきた。憲法の保障する権利はすべて公共の福祉によって規制されるとするのである。公共の福祉が何を意味するのかを明らかにすることなく規制原理とされたのであるから、権利の有り難みもいまいちであっただろう。

(2) 二つの公共の福祉

これに対して、憲法が保障する権利を規制するのは憲法が保障する権利以外にはあり得ないと考えられるようになった。これは権利相互間の調整原理であり、実質的に公平な権利保障を図るものであった。ある個人の表現の自由によって、別の個人のプライバシー権や思想の自由を侵害しないとか、ある個人の信教の自由によって、別の個人の生命を侵害しないということなどがその例である。このような規制のために必要な最低限度の制約を「自由国家的公共の福祉」と呼んだ。これが憲法12条、13条の「公共の福祉」である。さらに経済的自由は生存権や労働権と衝突する場合があるとされた。例えば、近隣の生活を護るために、所有する土地の利用を制限したり、人間らしい労働を実現するために、労働時間を制限し最低賃金を定めたりすることが必要となる。この場合には最低限度の規制ではなく、必要な程度の規制となる。これを「社会国家的公共の福祉」と呼んだ。憲法22条と29条に「公共の福祉」という文言があるのはこのためである。

(3) 国家の役割と人権

しかし、憲法の保障する権利を制約するものは憲法の保障する権利以外にないということにはならないはずである。道路や飛行場の建設、河川の改修やダム建設のために財産権が制約されることがある。表現の自由でさえポスターを貼ったり、ビラを配ったり、拡声器を使ったりして表現することが規制されている場合がある。「きたないから」「うるさいから」これも権利であろうか。

国家はさまざまに公共の役割を果たす。道路や橋の建設、河川改修やダム建設、電力やガス供給事業の許可、教育制度の整備、医療・福祉の充実、警察や消防、生活環境の維持向上など、国民生活に便宜を図ることが国家の役割の重要なひとつとなっている。これらはまさに「公共の福祉」といってよいだろう。国家は公共の福祉を実現する責任を負っている。公共の福祉の実現に成功している限り、政府の政策は正当である。政府が公共の福祉を実行しようとするときに、どうしても制約しなければならない憲法の保障する権利があるならば、これを制約することは正当である。

しかし、政府が正当に行為して「公共の福祉」を実現しようとしているときでさえ規制することのできない権利がある。それが先述の「切り札」としての人権である。公共の福祉に「自由国家的」なものと「社会国家的」なものがあるのではなく、憲法が保障する権利に「公共の福祉」に服するものとそうでないものがあるのである。それを「人権」と「憲法上の権利」として考えたのであった。

憲法12条は、権利実現と維持のための国民の努力義務と、その濫用を禁止することについて述べた訓辞的規定と理解することがで

きる。これに対して13条は、権利の制約に関する規定と読み取れる。その前段では「個人の尊重」が言及されるが、ここでは「公共の福祉」は述べられていない。後段で述べられる「生命、自由及び幸福追求に対する国民の権利」が「公共の福祉」に反しない限り尊重されることになっている。「個人の尊重」つまり質的に限定された意味での「人権」は「公共の福祉」によっては制約されず、もし制約されることがあるとすれば「人権」の名において他者の尊重を侵害してはならないという「内在的制約」しかないのであり、いわゆる「憲法上の権利」については「公共の福祉」を実現するときには制約に服することもあるのだと理解することになる。憲法22条と29条はこのことを確認している。

3 権利の主体

憲法第三章は「国民の権利」という言い方をしているが、各条文では「国民は」「すべて国民は」「何人も」という使い分けをしていることからも、憲法が保障する権利の主体とは誰なのかという問題が当然出てくることになる。「人一般」の権利としての人権の主体と憲法上の権利の主体では異なるのか、自然人に限られるのか、外国人には保障されないのか、などということが議論の対象になってきた。

(1) 天皇
天皇や皇族が「第三章」のいう「国民」であるかどうかによって、

天皇や皇族の人権享有主体性の理解はかなり変わってくる。旧憲法の「臣民」という言い方からは明らかに「天皇」はこの中には入らないが、「国民」といわれてみると天皇もこれに含まれるような気もする。しかし、天皇や皇族が「国民の権利」の主体であるとすれば、その地位故の「一般国民」とは異なる扱いをどのように説明するかが問題となる。皇位が世襲であること、「男系の男子」だけが世襲すること（皇室典範1条）だけでなく、表現の自由、信教の自由、居住・移転の自由、財産権など、「一般国民」と異なる扱いをされていると思われる事柄を、天皇も人権の主体であるが、天皇という地位の特殊性により制限されていると説明すべきなのであろうか。そもそも地位の特殊性という理由で人権は制約できるものなのであろうか。

　人権保障が憲法の要素となったのは、君主の権力から国民を守るためであったことからすると、そもそも天皇や皇族の人権について論じることが間違いであろう。例えば女性に皇位継承権がないことを、憲法14条違反であると主張されることもあるが、世襲制というそもそも近代とは相容れない封建的な部分を憲法自体が残していることからすれば、そこに近代立憲主義を持ち込むことは、人権の意味と天皇制を誤解していることになるのではないかと思われる。

(2) 外国人

　国民ではないけれど、日本国内に存在している外国人についても議論がなされてきた。かつての文言説によれば、「国民は」と「何人も」で区別し、後者については外国人にも保障されるとしたが、これはあまりに形式主義的であろう。そこで憲法の保障する権利の

性質に応じて区別しようとする権利性質説が主流となった。

狭い意味での「人権」は、個人の尊重原理からも、人権がそもそも人が人であることによってすべての人に保障される権利であるから、これを外国人であるという理由で保障しないということはできないはずである。最高裁判所はマクリーン事件で「憲法第三章の諸規定による基本的人権の保障は権利の性質上日本国民をその対象としていると解されるものを除き、わが国に在留する外国人に対しても等しく及ぶものと解すべきであり、政治活動の自由についても、わが国の政治的意思決定又はその実施に影響を及ぼす活動等外国人の地位にかんがみこれを認めることが相当でないと解されるものを除き、その保障が及ぶ」と一応は述べている（最大判1978/10/4）。しかし、在留期間の更新不許可を争ったこの事件で最高裁判所は「憲法上、外国人は、わが国に入国する自由を保障されているものでないことはもちろん、在留の権利ないし引き続き在留することを要求しうる権利を保障されているものでもないと解すべきである」として法務大臣の裁量を広く認め、「各在留期間中の憲法の基本的人権の保障を受ける行為を在留期間の更新の際に消極的な事実としてしんしゃくされないことまでの保障が与えられているものと解することはできない」とした。

表現の自由は、他者あるいは民主政治に影響を及ぼそうとすることが本来の意味であるから、影響を及ぼさない表現に限って認めるというのでは、外国人の表現の自由は無意味なものになってしまう。また、表現した内容を理由に在留期間を更新されないのであれば、外国人の表現の自由は保障されないのと同じである。この判決はこれら二つの意味で不当だと思われる。

社会権については、憲法25条を具体化した法律上の根拠が必要とされ、立法裁量だけでなく、行政の裁量も広く認められるとされているので、外国人の日本政府に要求する権利は国民以上に制約される可能性があると思われる。当時の国民年金法が、障害福祉年金受給資格を廃疾認定日に日本国民である者に限っていたことを争った塩見訴訟で、最高裁判所は「立法府は、その支給対象者の決定について、もともと広範な裁量権を有している」としたうえで、「社会保障上の施策において在留外国人をどのように処遇するかについては、国は特別の条約の存しない限り、……その政治的判断によりこれを決定することができるのであり、その限られた財源の下で福祉的給付を行うに当たり、自国民を在留外国人より優先的に扱うことも、許されるべきこと」として「障害福祉年金の支給対象者から在留外国人を除外することは、立法府の裁量の範囲に属する」と判断した（最判1989/3/2）。

外国人といってもその存在形態はさまざまであるから、一概に外国人と一括りにすることはできない。日本社会の一員として生活しており、かつ納税者でもある外国人を社会権の主体から排除することは、25条の趣旨に反すると思われる。この分野は、国籍による異なる取り扱いが、どこまでなら憲法14条の法の下の平等に反しないかという論の組み立ての方が有益かもしれない。

外国人の選挙権については後述（参政権の項目を参照）するが、国政選挙には認められないと考えたとしても、地域社会の構成員である永住者として、憲法自体が定める住民自治の一員とみなすことにより、地方選挙について選挙権を保障しても憲法違反とはいえないだろう。

(3) 法人

かつて法人は、自然人と同様の性格を認められる限り憲法の保障する権利の主体となり得ると解されていた。これは八幡製鉄政治献金事件において、最高裁判所が「憲法第三章に定める国民の権利および義務の各条項は、性質上可能なかぎり、内国法人にも適用されるものと解すべきである」(最大判1970/6/24) と述べたことによると思われる。この事件は代表取締役が政治献金として寄付を行ったことが、定款に違反し、取締役の忠実義務に反する行為であるとして株主が争ったものであった。企業が行う政治献金は、何らかの見返りを要求するものであれば贈賄となり、何らの見返りも期待しないものであれば株主に対する背任となりうる性質のものであり、この訴えた株主の主張は正しい。このような訴えが提起されることにより、判決次第ではその後の企業献金はできないものになってしまう可能性もあった。

ここにいう「性質上可能な限り」法人にも認められる権利とは、財産権や営業の自由、表現の自由、裁判を受ける権利などをいうのであろう。法人には認められない権利としては、選挙権・被選挙権、生存権、教育を受ける権利、奴隷的拘束からの自由などが考えられる。この判決では、「会社が、納税の義務を有し自然人たる国民とひとしく国税等の負担に任ずるものである以上、納税者たる立場において、国や地方公共団体の施策に対し、意見の表明その他の行動に出たとしても、これを禁圧すべき理由はない」として、「会社は、自然人たる国民と同様、国や政党の特定の政策を支持、推進または反対するなどの政治的行為をなす自由を有する」と述べ、企業の

参政権としての献金という奇妙な判断を示した。

　法人の人権主体性を考えるときに、人権の意味を量的に拡大したものとしてとらえるか、質的に限定したものとしてとらえるかで、意味が異なる。裁判所や相当部分の憲法学者は前者の意味で考えているらしく、この判決もそうである。質的に限定したものとして考えれば、人権は自然人に限られるもので、法人はその主体とはならない。憲法上の権利についてはその性質上主体となるものがある。量的に拡大したものと考えれば、すべての人権はその性質上主体となるものがある、という理解になるだろう。この判決で述べられた企業の参政権は、性質上法人の主体性があるものなのかの検証が必要となる。

　この判決が「性質上可能なかぎり、内国の法人にも適用される」というのは、ボン基本法19条3項の引用であろう。そこでは「基本権は、その性質上内国法人にも適用しうる限りにおいて、これにも適用される」という。この条文の意味は、法人の構成要素である自然人がその自由な発展のために法人を形成することを前提に、法人に基本権主体性を認めないと法人の背後にある自然人の活動が不可能あるいは困難になる場合があるから、これを避けるために、性質上可能な限度で例外的に法人の基本権主体性を認めるというものである。ドイツでは、基本権は本来自然人だけが主体となることが当然の了解事項であった。だからこそ、この19条3項があることによって、最小限度の法人の基本権主体性が実現したのである。しかし、日本の裁判所の判断はこのことを理解していなかった。性質上可能な限界まで広く法人も人権主体となるという理解をしてしまったわけである。

本来、国民主権原理のもとで、参政権は基本的には一人一票の選挙権を自然人である有権者が行使することによって実現されるものである。一票という僅かな影響力で競うことによって、国家の政策決定を左右しようとするのが本来の参政権の存在形態であろう。そこに企業が千万単位か億単位の献金を行って影響力を与えようとすれば、国民主権という近代国家の大前提が崩壊することになってしまうのではないだろうか。この判決は、当時金銭的に困っていた政党に配慮してやったという程度の意味のものだったのであろう。

　結局、人権を質的に限定したものと考える立場をとりつつ、人権は自然人のみが主体性を主張でき、憲法上の権利については、その権利の性質から判断すべきかと思われる。その際に注意すべきは、報道機関の表現の自由としての「報道の自由」のように、法人が人権主体となっているように見えるものもあるが、これは「知る権利」を実現するために必要であるという点で、公共の福祉に貢献するがゆえに認められるものであり、報道機関という法人が人権としての表現の自由（報道の自由）の主体となっているわけではないということである。

4　私人間効力

(1) なぜ私人間効力か

　憲法の保障する権利は何よりも国家をその相手方とし、国家の介入を拒絶するものや、国家に請求できるもの、といった対国家的なものであるという前提がある。特に人権は、「国家からの自由」と

して国家による侵害から個人を守り、個人の自律を実現しようとするものであった。ところが現代社会においては、国家以外の私的権力が存在し、それが個人の人権を侵害する主体として現れている。企業、労働組合、私立大学など、国家つまりは政治権力ではなく社会的権力といってよいような私人からの人権侵害に、憲法の規定を適用して解決しようとする考え方が私人間効力である。

理論的には無効力説もあり得る。憲法の保障する権利は対国家的なものだから、私人間に生じる事柄は私的自治の原則に委ねられるべきだという古典的な近代国家論に従えば、無効力説はそれなりの意義を持つものである。しかし、現代国家においてこの理論はふさわしいとは思えない。福祉国家においては、私的自治の原則、契約自由の原則を修正することにより、強者である私人から、弱者である私人を守るための施策が行われなければならないからである。

(2) 間接適用説と直接適用説

そこで間接適用説がひとつの回答となる。これは憲法の人権規定を私人間に直接適用することはできないという前提の下に、私法である民法90条の公序良俗規定などに憲法の規定を読み込んで、それを私人間に適用するというものである。例えば、女性の労働者が結婚したら退職あるいは男性労働者よりも若い年齢で退職という会社の規則を憲法14条で争うときに、これを民法90条のいう「公序良俗」の内容として読み込み、女性労働者と会社の間にこの民法の規定を適用して、会社の当該規則を公序良俗違反で無効と主張するのである。労働者と会社という私人間に適用されるのは私法としての民法であるが、公序良俗の内容とされているのは憲法14条の「法

の下の平等」であるから、憲法が私人間に間接的に適用されているということになるのである。もっともこの間接適用説を採ったとしても、憲法上のすべての権利規定が間接適用でなければならないとは考えない。憲法15条4項投票の秘密、18条奴隷的拘束の禁止、24条家庭生活における両性の平等、28条労働基本権などは、もともとが私人間に適用されることが前提の規定であるからである。

　少数説ではあるが直接適用説もある。これは憲法の人権規定は当然私人間にも適用できるとするものである。これに対する間接適用説論者からの批判は、私的自治の原則を損なう、国民の権利を国家権力に対抗して保障するという近代国家の意味を希釈する、私人間に国家の介入を認めることにより自由が制限されるおそれがあるなどである。

　最高裁判所は、三菱樹脂事件において、自由権や法の下の平等規定を「もっぱら国または公共団体と個人との関係を規律するものであり、私人相互の関係を直接規律することを予定するものではない」と述べ、間接適用説の立場をとった。しかしこの判決は、私人間効力の論点については、両当事者から提出された学者の意見につきあって一応の判断を述べたに過ぎず、私人間効力とは異なる論点を呈示して高裁差し戻しという判決であった（最大判1973/12/12）。

(3) 中間団体＝社会的権力

　なぜ間接適用説なのかを考えると、近代憲法が現れたときに、そこで保障される人権とは対国家的なものだったからである。ではなぜ対国家的なものとして人権が観念されたのであろうか。それは市民革命を経て近代国家が成立したときに、絶対王政というかたちの

国家権力を倒し、代表議会という新しい国家権力と入れ替えただけでなく、封建社会において国王の権力と並んで人間の自由を奪っていた中間団体をも破壊したという歴史的事実があるからである。中間団体とは、国家権力でもなく、かといって国家権力にさらされる個人でもない、国家と個人の間に存在する団体のことをいう。封建社会においてはギルド、荘園、教会がそうであった。市民革命の担い手であり、近代市民社会における支配階級であったブルジョワにとって、ギルドや荘園の存在は不都合なものであったから、国王とともに近代社会から抹消することとなった。教会は世俗の権力から離れたところに存在するものとして政教分離原則を確立した。こうして中間団体を排除することによって、国家と個人が向き合う社会をつくり出したことが、近代社会の一つの意味であった。

　このような近代社会においてつくられた憲法が、人権を対国家的なものとして観念したのは当然のことである。しかし、その後の社会の発展の中で、新たな中間団体が登場することとなる。その代表格が企業である。「国家と個人」という関係で表すことができる近代社会から、「国家・中間団体・個人」という社会に変容したのである。ここに至って近代憲法の人権の意味を対国家的なものとして理解するならば、中間団体は「私人」という資格で「個人」ではないけれどこれと並ぶ私的存在として国家から守られなければならない主体として観念されることになるだろう。そうすると私人間に憲法の人権規定を適用することは、私的自治の原則を損なうという理解が成り立つ。もし、近代憲法の人権は対国家的なものという理解を貫くなら、現代社会における中間団体をもう一度破壊して、国家と個人が向き合う社会をつくり直さなければならない。それができ

ないとすれば、現代的中間団体を「私人」と理解するのではなく、封建的中間団体がそうだったように、人間の自由を抑圧する「社会的権力」と考え、このような権力からの自由として人権を再構築する必要があるだろう。それが直接適用説の理論なのである。

企業などが私人であることは自明である。国家対個人という関係においては、国家はいかなる意味においても権利の主体ではく、ここでは個人だけが権利主体である。企業＝中間団体対個人という関係では両者とも私人であるから権利主体であるということを強調しすぎると、社会の中に個人が埋没する危険がある。対国家関係においては中間団体も権利主体としての主張ができるが、同じ主張を個人に対して行った場合、中間団体による個人の支配が実現してしまうのである。

この社会的権力である中間団体は国家権力と異なり、民主的コントロールの下にはない。国家権力は選挙の下にあり、人権侵害を繰り返すなど不当な支配を行った場合には、次の選挙で権力当事者の交替を余儀なくされるおそれがあるが、社会的権力にはこれがない。つまり国家権力は国民に支持されている限りにおいてという正統性の根拠に依存しているのであるが、社会的権力はそもそもこのような正統化の根拠を欠いている存在なのである。その結果、社会的権力による人権侵害は国民のコントロールの外側で規制のかからないまま続き、中間団体内部の人間をその精神まで隷属させてしまうことになることに注意が必要であろう。

裁判という場面では、間接適用説でも直接適用説でも人権規定が私人間におよぶことになるので、結論的には大きな違いはないはずである。間接適用説と直接適用説の歴史的・思想的背景は、近代国

家と現代国家の特徴をいかに捉えるかということ、同時に、権力とは何であったかということに大きな違いを見いだすことができると思われる。

アメリカ合衆国では、政府権力が多少なりとも関わっている私人や、公的性格を認められるような私人の行為を、国家行為 state action として、そこで行われた人権侵害を解決するのに憲法の規定を直接適用するというアプローチが採られている。公的施設内の食堂や公費が支出されている私的施設での差別的な取り扱いなど、その対象となるものは少なくない。

5 特別の法律関係

(1) 特別権力関係

一般に国家との関係において個人に保障される権利が、国家との特別の法律関係にある者には及ばないとする考え方があった。一般権力関係に対してこれを「特別権力関係」と呼んでいた。人権その他の憲法上の権利を、このような関係に入った者については法律上の根拠がなくても一律に削減することができるとし、裁判所の違憲審査も及ばないものと考えられた。ドイツ帝国憲法や大日本帝国憲法下においては妥当したであろうこの理論は、日本国憲法下ではあてはまらない。自由や権利を制約するには法律の定める手続が必要で（31条）、それは唯一の立法機関である国会により制定されるものであり（41条）、その法律の違憲性については違憲審査制度（81条）が設けられているからである。

それでも特別な法律関係と考えられるものはあるので、これらは「特別権力関係」として一括りに考えるのではなく、個別に検討することが必要である。

(2) 公務員

公務員関係はかつて国王の官吏という性格から、当然に一般権力関係とは理解されず、政府の一部として国民同様の権利を主張できない立場とされていた。日本国憲法において、公務員は「全体の奉仕者」という立場にある国民である。この公務員について、憲法が保障する権利の制約がどこまで認められるかという問題は、政治的表現の自由と労働基本権について論じられてきた。

猿払事件は、民営化前の郵便局員が、勤務時間外に特定政党を支持する目的をもって当該政党候補者の選挙ポスターを選挙掲示板に貼るなどしたことが、国家公務員の政治行為の禁止規定（国家公務員法102条1項）に違反するとして起訴されたというものであった。旭川地方裁判所はいわゆる適用違憲の法理により無罪の判決を下した（旭川地判1968/3/25）。これに対して最高裁判所は、行政の中立性とそれへの国民の信頼維持は国民全体の共同利益を実現すること、公務員の政治的中立性を損なわないように政治的行為を禁止することは合理的であることなどと述べて、この規定を合憲と判断し有罪判決を下した（最大判1974/11/6）。

勤務時間外に行われた行為が政治的中立性とどのように関連があるのか、行政の中立性という漠然とした概念が公務員という国民の表現の自由を制約する根拠として正当なものなのかが、表現の自由の優越的地位に鑑みて、厳格に審査されなければならないはずであ

る。そもそも政治的意思決定に参画しない、末端の公務員に政治的中立性を求めることが「国民全体の共同利益」といえるかどうかは相当疑わしい。「公務員」と一括して考えるのではなく、高級官僚と一般の公務員などとの違いを考慮すべきであろう。

公務員の労働基本権については該当する項目で述べることにする。

(3) 在監者

在監者は法律上の理由により、その身体の自由を制約されている者である。その理由は、未決拘禁者の場合は証拠隠滅と逃亡の防止、受刑者の場合は矯正教育、刑務所の規律と秩序の維持などである。これらの理由に即して、権利の制約も、権利の種類と在監者の態様によってそれぞれ最小限のものである必要がある。

未決拘禁者が私費で購読していた新聞の特定記事が塗りつぶされたことを、憲法19条21条に反すると争った「よど号」ハイジャック記事抹消事件において最高裁判所は、逃亡及び証拠隠滅の防止、さらに監獄施設内における規律及び秩序の維持という目的を達するために真に必要と認められる限度で、新聞や雑誌の閲読制限が行われなければならないとし、未決拘禁者は一般市民としての自由を保障されるべき者であると述べつつ、監獄の長による裁量範囲を広く認めることにより、記事抹消を適法と判断した（最大判1983/6/22）。新聞閲読の自由は「優越的地位」とされる表現の自由の内容である「知る権利」に関わるものであるだけに、厳格な審査基準を使い違憲と判断すべき事例であったと思われる。

また、未決拘禁者に対する喫煙の禁止について争われた事件で、最高裁判所は「喫煙を許すことにより、罪証隠滅のおそれがあ

り、また、火災発生の場合には被拘禁者の逃走が予想され、かくては、直接拘禁の本質的目的を達することができないことは明らかである」とし、「喫煙禁止という程度の自由の制限は、必要かつ合理的なものであると解するのが相当で」あると判示した（最大判 1970/9/16）。未決拘禁者は有罪の判決を受けるまでは無罪の推定を受ける地位にあるから、自由の制限も拘禁の目的を実現する限りでの合理的なものでなければならないはずである。一般社会におけると同様に喫煙場所を喫煙所に限定し、せいぜい時間的制限を設けるくらいが合理的であり、本件事例のように喫煙を全く認めないのは合理性を欠き、憲法13条の幸福追求権に反するであろう。

第6章
包括的基本権

1 憲法13条の意味

(1) 一般的自由と人格的自律

　憲法13条は「すべて国民は、個人として尊重される。生命、自由及び幸福追求に対する国民の権利については、公共の福祉に反しない限り、立法その他の国政の上で、最大の尊重を必要とする」と定めている。この条文は人権の総則的規定と理解されていたときもあったが、その後「新しい権利」を包括的に保障するものと考えられるようになった。この点ではアメリカ合衆国憲法修正9条が「この憲法に一定の権利を列挙したことにより、人民の保有するその他の権利を否定したり軽視したりしたものと解してはならない」と定めているのと共通の価値を持っているといえるだろう。

　この13条の法的性質については「人格的自律」か「一般的自由」かという争いがかつてはあった。人格的自律と考えると、ここで保障されるのは切り札としての人権で、日本国憲法では個別的に明示されてないものをいうことになる。一般的自由と考えると、とりあえずの人間の行動をすべて自由と考え、それを「公共の福祉」で制約し、残ったものが本条の保障する権利と考えることになる。人格的自律説では、人間の自律にとって重要な人権が公共の福祉の制約を受けることとなり、一般的自由説では、なんでもする自由を考え

ておいて、それを公共の福祉で制約した残り物と考えることになるが、これでは13条の意味が縮減されてしまう。そこで、本条前段の「個人の尊重」原理に注目することになる。

(2) 個人の尊重と幸福追求

　個人の尊重は、日本国憲法が人権を保障する根本的原理であり、人権と理解される「思想の自由」「信教の自由」「表現の自由」の存在理由である。しかしこれら以外に個人の尊重にとって重要な人権があるかもしれない。それは社会の発展により新たに生まれてくるものかもしれない。そのようなときにそれを憲法が保障しないのでは「個人の尊重」という近代憲法の原則が維持できなくなる可能性が大である。だから、この憲法が保障する人権以外に、個人の尊重を実現するために必要な「人権」を無視したり軽視したりすることはできないことを宣言するために、この13条前段が存在すると解することになる。

　本条後段は「生命、自由及び幸福追求」に対する権利を保障している。これを一括して「幸福追求権」と呼ぶのが慣わしであるが、幸福追求という概念が広すぎて曖昧なため「権利のインフレ」による権利保障の有り難みの減少を危惧する向きもある。一応、生命と自由そして幸福追求と分けて考えるべきかと思われる。

　生命について、これが公共の福祉によって制限されることをもって、日本国憲法は死刑を容認していると見る向きもある。これでは死刑にされない権利についていっているだけであるが、生命に対する権利とはこのようなことではない。生命を継続するために医療行為を受ける権利、汚染された食物や水などを摂取して生命を危険に

さらされるようなことのないように求める権利、戦争により殺し殺されるようなことがないように要求する権利など、自己の生命に関わるすべての権利が読み込まれると思われる。

自由については、髪型や髪の色を決める権利、喫煙の権利、避妊、中絶、オートバイに乗る権利など、私的活動の領域において自分のことは自分で決めるという自己決定権のようなものが想定される。死ぬ権利といわれるようなものももしあるとすればここに含まれるのかもしれない。

幸福追求は自由と明確に区分できないもの存在するであろうが、同性愛者として生きること、特に同性で婚姻ができること、子どもをもつことができること、また、いじめやハラスメントに遭わないこと、野良猫に餌をやってかわいがること、その他自分が幸せだと思うライフスタイルを実行することがこれに含まれると思われる。

もっとも先の「個人の尊重」も含めて、何がどれに属するかということを厳密に区分することは不可能である。日本国憲法が名前を挙げて保障している個別的規定に属さない権利をどのように保障するかは、それらが問題になった裁判において個別に検討すべき問題であろう。

2　プライバシー権

(1) 新しい権利

新しい権利といわれるときにプライバシー権・環境権・知る権利が挙げられる。これらは日本国憲法制定時には想定できなかった

が、その後の社会の発展に応じて権利として定着していったものと説明される。知る権利はその内容からして憲法21条で説明することがふさわしいと思われるので、ここではプライバシー権と環境権について説明することにする。

(2) 自己情報コントロール

アメリカ合衆国で発展したプライバシー権は、初期の頃には「一人にしておいてもらう権利」と理解されていた。「あの人は今」というような娯楽番組で暴露されたかつての有名人が、その変貌ぶりを興味半分に暴露されることから免れるという文脈のことであった。その後、避妊、妊娠中絶、同性愛行為というように発展してきたこの権利は、「自己決定権」としての内容をもつようになってきた。さらに、近時の高度情報化社会の発展、特にコンピュータの発達により、自分の情報が自分の知らないところにまで拡散していること、しかも本来の自分とは異なったものとして伝わっているということなどということが生じ、さらには自分の情報が悪用されるという事態にまで発展した高度情報化社会の中で、この権利は「自己情報コントロール権」という概念を与えられた。

人は私的な事柄を自分でコントロールしておきたいという欲求がある。絶対に誰にも知られたくないこともあるだろうし、特定の誰かにだけ知っておいてもらいたいこともある。さらには多くの人に知ってもらいたい私的な事柄もあるだろう。特定の人には知っておいてもらいたいことをお互いに打ちあけることによって、他の人との関係とは異なる親密な人間関係を築くことができる。また知られたくないことと知ってほしいことの使い分けによって、このような

人間だと思ってもらいたい自分の人間像を他者に示すことができる。こうして人間関係のさまざまな距離をとり、自分をこのようなものとして認識してもらいたいという自由を享受することができるのである。

　誰にも知られたくないことや特定の人だけ知ってもらいたいことを、別の誰かに知られることはこの自由を台無しにしてしまう。「一人にしておいてもらう権利」は望遠鏡で覗かれたり、盗聴器によって聞かれたりすることによって、自分の知らないうちに他者に隠しておきたい情報を流出されない権利を含んでいる。ただ物理的に一人にしておいてもらうことだけを意味しているのではない。

　さらに、自己の情報として流通して欲しくないことは、真実のみに限られるわけではない。本来の自分ではない情報が自分のものとして流通すると、他者に誤解され、今まで築いてきた自分の像が崩壊してしまう。だから、自分についての真実の情報をコントロールするだけでなく、虚偽の情報もコントロールすることが権利として認められなければならない。『宴のあと』事件は小説家の三島由紀夫による、かつて外務大臣であった主人公と料亭の女将であり、後に妻となった女性との関係などを綴った小説のプライバシー権の侵害が争われたものである。東京地方裁判所は「私事をみだりに公開されないという保障が、今日のマスコミュニケーションの発達した社会では個人の尊厳を保ち幸福の追求を保障するうえにおいて必要不可欠なものである」と述べ、「私生活の公開とは、公開されたところが必ずしもすべて真実でなければならないものではなく、一般の人が公開された内容をもって当該私人の私生活であると誤認しても不合理でない程度に真実らしく受け取られるものであれば」プラ

イバシーの侵害とであると解した。そして救済の要件として、「公開された内容が（イ）私生活上の事実または私生活上の事実らしく受け取られるおそれのあることがらであること、（ロ）一般人の感受性を基礎にして当該私人の立場に立った場合公開を欲しないであろうと認められることがらであること、換言すれば一般人の感覚を基礎として公開されることによって心理的な負担、不安を覚えるであろうと認められることがらであること、（ハ）一般の人々に未だに知られていないことがらであることを必要とし、このような公開によって当該私人が実際に不快・不安の念を覚えたことを必要とする」とした（東京地判 1964/9/28）。

(3) 忘れ去られる権利

かつて一度は公に知られることとなったことがらであっても、時の流れとともに忘れ去られてしまうことも多い。Aは沖縄で傷害致死事件を起こし服役、仮出獄後に上京して就職・結婚して暮らしていたが、当時裁判の陪審員であったBが『逆転』というノンフィクションでこの事件を扱って出版したために、Aの前科が12年の月日を経て公開されることになった。Aはプライバシー権侵害を争って提訴したが、プライバシー権侵害を認めた下級審（東京地判 1987/11/20・東京高判 1989/9/5）に対し、最高裁判所はプライバシー権には言及せずに、「有罪判決を受けた後あるいは服役を終えた後においては、一市民として社会に復帰することが期待されるのであるから、その者は、前科等にかかわる事実の公表によって、新しく形成している社会生活の平穏を害されその更正を妨げられない利益を有する」としてBの上告を棄却した（最判 1994/2/8）。また

最高裁判所は、「社会一般の正当な関心の対象になる公的立場にある人物である場合には、その者が公職にあることの適否などの判断の一資料として」前科などが公表されることは違法とならないとした。

解雇にかかわる民事紛争当事者である会社側の弁護士からの照会に対して、相手方の労働者の前科歴について区役所が回答したことはプライバシー権を侵害すると当該労働者が訴えた事件に関して、最高裁判所は「前科及び犯罪経歴は人の名誉、信用に直接にかかわる事項であり、前科等のある者もこれをみだりに公開されないという法律上の保護に値する利益を有する」とした（最判1981/4/14）。さらに伊藤裁判官補足意見は、「前科等は、個人のプライバシーのうちで最も他人に知られたくないものの一つ」であるから、「公開が許されるためには、裁判のために公開される場合であっても、その公開が公正な裁判の実現のために必須のものであり、他に代わるべき立証手段がないときなどのように、プライバシーに優越する利益が存在するのでなければならず、その場合でも必要最小限の範囲に限って公開しうるにとどまるものである」と述べた。

プライバシー権は、前者の『逆転』事件のような出版物などのメディアによる一般社会への公開だけでなく、後者の前科照会事件のように特定の個人や団体への公開からも保護されなければならないことが、これらの判決から読み取れる。自己情報コントロールという観点から見ると、触れられたくない過去の自分を誰もが忘れているにもかかわらず、これを思い出させようとすることからの自由、真実であっても忘れてもらう自由という側面もプライバシー権にはあるということになる。

(4) 肖像権

公開されなくてもプライバシー権侵害になるものとして、肖像権の問題がある。デモ隊の写真を撮影した警察官への傷害と公務執行妨害に関して、当該写真撮影の違法性を争った京都府学連デモ事件で最高裁判所は、「個人の私生活上の自由の一つとして、何人も、その承諾なしに、みだりにその容ぼう、姿態を撮影されない自由を有するものというべき」と述べ、「これを肖像権と称するかどうかは別として」といいながらも「警察官が、正当な理由もないのに、個人の容ぼう等を撮影することは、憲法13条の趣旨に反し、許されないもの」であるとした。ただこの事件での写真撮影は「現に犯罪が行われていると認められる場合になされたもの」であり、「証拠保全の必要性および緊急性が認められ、その方法も一般的に許容される限度をこえない相当のもの」であるから適法であると評価した（最大判1969/12/24）。

みだりに容ぼうなどが写真に撮られることによって、その写真を撮られた人の知らない誰かが、どのような目的で、どのように使用するのかをコントロールできないことは、写真に撮られた自分の容ぼうという情報がコントロール不能に陥っている状態である。全く興味がなくて写真撮影する人はいないだろうから、撮影された容ぼうなどがどこかで個人の趣味の対象となり、評価の対象となっているであろうことは不愉快なことである。自分の情報をコントロールできない人間を自律的とはいえないから、みだりに写真に撮られない自由は13条による保護に値する。

3　名誉権

　プライバシー権が社会的な評価にさらされない私的領域を保護する意味をもつのに対し、名誉権は人の社会的評価そのものを保護するというものであることに特徴がある。

　名誉毀損罪は刑法230条に規定があるが、230条の2の1項では、公共の利害に関する事実にかかわり、目的が公益を図ることであり、真実であることの証明があれば、これを罰しないこととしたうえで、同2項は、公訴の提起に至っていない犯罪行為に関する事実は公共の利害に関する事実とみなし、同3項は、公務員または公選の公務員の候補者に関する事実にかかわる場合は、真実であることの証明があれば、これを罰しないとしている。国会議員や大臣などが私的行為であっても一般に許容され得ない行為を行っていたなどという事実、汚職など公務にかかわる不正を行っていた事実などは、国民の知る権利に応えるという公益に基づいて行われるものと評価できる。もしこれが名誉毀損の可能性があるとすれば、萎縮効果が働き、真実報道ができなくなってしまう。結果として有権者の判断を誤らせ、国民主権が歪んでしまうだろう。

　しかし、もし真実であることの証明ができなければ、相当適度に怪しいと思われることがらについても萎縮効果が働くことになる。そこで夕刊和歌山時事事件において最高裁判所は、「真実であることの証明がない場合でも、行為者がその事実を真実であると誤信し、その誤信したことについて、確実な資料、根拠に照らし相当の

理由があるときは、犯罪の故意がなく名誉毀損の罪は成立しないものと解するのが相当である」と述べた（最大判1969/6/25）。

　名誉毀損を理由とした表現の事前差止について、北方ジャーナル事件において北海道知事選挙立候補者による差止請求を認めた最高裁判所は、「その表現内容が真実でなく、又はそれが専ら公益を図る目的のものでないことが明白であり、かつ、」名誉を毀損された者が「重大にして著しく回復困難な損害を被る虞があると認められるとき」には「例外的に事前の差止が許される」とした（最大判1986/6/11）。

4　環境権

　高度成長期以降の産業の発展と高度消費社会への成長に伴って現れた環境の悪化が、良い環境を享受する権利としての環境権を生み出した。この環境権がどのような権利なのかはいまだに明確にされているとはいえない。権利であるからには侵害されたときに裁判所に訴えて回復してもらうことができることになるはずであるが、時と場合によっては誰のいかなる権利が侵害されているのか不明な場合もあるだろう。例えば日本近海でタンカーの座礁により原油が海に流れ出したときに、環境は汚染されているが誰かの環境権が侵害されたかどうかは明確ではない。高速道路を造るために山奥の誰も住んでいないところにトンネルを掘って道路を通したときに、環境は損なわれているが誰かの環境権が侵害されたわけではない。環境権侵害を理由に裁判を起こすとしたら、誰が原告適格を有するのか

不明な場合は少なくないのである。

　工場からの煤煙あるいは原子力発電所の事故により隣接する住宅に住むことができなくなったなどという場合は、明らかに被害を受けた人は環境権を侵害されている。この場合に、不法行為による被害の損害賠償を請求する、工場の稼働を差止するというような裁判に訴えることができる。これらは環境権という概念を用いなくても、私法上の人格権や不法行為で解決できることがらである。環境権を憲法上の権利と考えるからには、国家がなんらかの施策をすることを国民の側から要求する権利として環境権を構成することが必要だろう。環境が破壊されないように、国家規制により企業活動や国民生活を規制することなどが求められる。そうすると環境権は、憲法13条というよりも25条の一内容と考える方が妥当かもしれない。

　環境を破壊しない限りにおいて生産活動が認められる社会、排気ガスを伴わない車でなければ走ってはいけない社会、環境リスクを考えて利便性を追求しない社会、その他国民の自由を規制しながら環境破壊を防止して、良き環境を維持しようとする手段としての環境権を、誰がどのように行使するものか。さまざまな可能性を含みつつも、環境権は発展途上の権利であるといってよい。

第7章
法の下の平等

1　平等の概念

　憲法14条1項は「すべて国民は、法の下に平等であつて、人種、信条、性別、社会的身分又は門地により、政治的、経済的又は社会的関係において、差別されない」と定めている。

(1) なぜ差別なのか
　憲法13条前段の個人の尊重原理は、さまざまに異なっている諸個人のそれぞれの違いを認めて尊重しながら生きることができることを要請している。それは異なっている者をすべて同じに扱うのではなく、それぞれに異なった対応をしながら、個人のアイデンティティーの確立と発展を可能にする社会であることを要求する。憲法14条が13条の次に来るのは、平等なくして個人の尊重はあり得ないことが自明だからであり、その意味で14条は人権保障の包括的原則として機能することになるのである。人を思想によって差別することは、14条に反していると同時に19条の思想良心の自由侵害であり、社会保障上の差別は同時に25条侵害となり、組合差別は28条違反でもあることになる。

　人権保障の前提ともなる平等は、差別されないことであるともいえる。差別とは何だろうか。人間はみな同等に扱ってもらいたいと

思っているはずである。自分だけ劣っていると思われることは、その人の人格の中心部分を傷つけるからである。明らかに劣っているとは思われないところで劣位な扱いを受けることがある。この扱いはどうして起こるのだろう。一つには、自分が劣っていると思われたくないから、自分と異なる者に対して差別することによって、自分の優位性を主張あるいは確認したいと思う心理がはたらいている場合がある。異なる人種、民族、国民、性別、出自の者を差別することにより、自分の属する人種、民族などの優越性を確認し、それを根拠に自らの優位を主張する。このような差別は正当な理由を欠き、不合理なものといってよい。

もう一つは、実際には知ることができないもの（A）を判断の基準にしなければならないときに、既に知られている事柄（B）で判断することになるのだが、その際にAとBの間の関連性に疑問がもたれる場合、不当に優遇されたり差別されたりという結果となる。例えば学生が就職するときに、「○○先生の息子さんだから間違いないだろう」とか、「○○大学の学生なら仕事はできるだろう」とか、本来は仕事をさせてみなければ分からない事柄を、そのリスクをかけずに別の理由で推定して決定してしまうことがある。その時に、親が「先生」ではなかったり、◇◇大学の学生だったりする他の求職者は不合理な扱いを受けたと感じ、これを差別と考える。

(2) 相対的平等

取扱いの不合理性が差別感を生み、この差別感を生まない合理的な取扱いを平等という。というのは、人間はみな異なっていて、異なった人間を同じに扱うと不合理な結果になることが多いからであ

る。人間の異なっている側面と、同じである側面に応じて、時によっては異なって扱い、時によっては同じく扱うことが平等を実現すると理解して間違いないだろう。そうすると常に同じ扱いをするという「絶対的平等」ではなく、平等とは相対的なもの、つまり「相対的平等」という概念であることが分かる。

2　法の下に平等とは何か

(1) 法適用の平等と法内容の平等

相対的平等を「法の下」に実現するとは、「等しいものは法的に等しく、等しくないものはその程度に応じて等しくなく法的に扱うこと」ということができる。この「法的に」ということについて二つの意味がある。一つは「法適用の平等」（立法者非拘束説）という。これは「法の下」であるから、現にある法律を執行するにあたって、行政機関や裁判所がすべての人に平等に適用しなければならないものと理解する。適用の平等は重要であるが、そもそも適用される法律の内容が不平等なものであれば、それを平等に適用しても平等な結果が得られるわけではない。そこで「法内容の平等」（立法者拘束説）が求められると理解されるようになった。国会が法律を制定するときにもその内容が平等であることが要求されるのである。もし差別的な内容の法律を制定した場合は、裁判所が違憲の判決を下すことになる。

その際に、裁判所はある法律が差別的か否かを判断しなければならない。そこでは異なった扱いをすることが合理的か不合理かを判

断する必要がある。その際に、①対象が実際に異なっていること、②異なって扱う目的が正当であり、その必要があること（目的審査）、③異なって扱う程度が社会通念上許容できる範囲にあること（手段審査）、という基準が考えられるだろう。対象が異なっていないのに異なって扱うことは、不利に扱われた方が明らかに差別されたと考えられるであろう。しかし、対象が異なっている場合に、異なって扱うことが差別かどうかを判断すること、特に目的審査のところで判断するか手段審査に踏み込むかは、微妙な価値判断が加えられるところである。

(2) 尊属殺人重罰規定違憲判決

旧刑法200条が尊属殺人を定め、一般の殺人とは異なる扱いをしていたことが審査された事件において最高裁判所は、「尊属に対する尊重報恩は、社会生活上の基本的道義というべく、このような自然的情愛ないし普遍的倫理の維持は刑法上の保護に値する」と述べ、「被害者が尊属であることを犯情のひとつとして具体的事件の量刑上重視することは許されるものであるのみならず、さらに進んでこのことを類型化し、法律上、刑の加重要件とする規定を設けても、かかる差別的取扱いをもってただちに合理的な根拠を欠くものと断ずることはできず」目的審査のところでは合憲と判断した。しかし、「刑罰加重の程度が極端であって、……立法目的達成の手段として甚だしく均衡を失し、これを正当化しうべき根拠を見出しえないときは、その差別は著しく不合理なもの」として違憲となるとしたうえで、当該規定が「尊属殺の法定刑を死刑または無期懲役のみに限っている点において、その立法目的達成のため必要な限度を

遙かに超え、普通殺に関する刑法199条の法定刑に比し著しく不合理な差別的取扱いをするものと認められ、憲法14条1項に違反して無効」と手段審査のところで判断した（最大判1973/4/4）。この判決における田中裁判官補足意見は「刑法200条の尊属殺人に関する規定が設けられるに至った思想的背景には、封建時代の尊属殺人重罰の思想があるものと解されるのみならず、同条が尊属たる本人のほか、配偶者の尊属殺人をも同列に規定している点から見ても、同条は、わが国において旧憲法時代に特に重視されたいわゆる『家族制度』との深い関連をもっていることを示している」としたうえで、親子の絆のようなものは「個人の尊厳と人格価値の平等の原理の上に立って、個人の自覚に基づき自発的に遵守されるべき道徳であって、決して、法律をもって強制されたり、特に厳しい刑罰を科することによって遵守させようとしたりすべきものではない」と述べた。田中意見は目的審査のところで決着をつけるべきとするもので、特定の思想や道徳を、刑罰をもって国家が強制することの問題を指摘している点が注目される。

3　合理的区別と差別

(1) 審査基準と列挙事由

　先に、相対的平等について述べたが、平等とは時によって異なって扱うことが正当な場合があるということであった。人間はそれぞれ異なっているから、異なって扱われなければならないときもあり、そのようなときにその異なった扱いをする方が合理的な場合に

は憲法14条違反とはならないと解される。年齢によって選挙権がなかったり刑事手続が異なったりすること、収入により税負担が異なること、性別により休暇などの扱いが異なることなど、これらは異なって扱う方が合理的といえるので、「合理的区別」として不合理な「差別」とは区別される。尊属殺重罰規定違憲判決は合理的区別があてはまらないことが、どのレベルでのことであったかということが問題とされたのであった。

　異なって扱うことが差別として禁止されるかどうかは、扱いの合理性によるということになるが、そうすると審査基準としての厳格性は要求されないことになる。異なる扱いの合理性、つまりは合憲性が推定され、不合理だと主張する側がそのことを立証しなければならない。しかし、すべての異なった取扱いに合理性が推定されるわけではない。14条1項後段の列挙事由は、単なる例示的列挙であるとする考え方もあるようだが、それではこの後段の意味がない。ここで列挙されているいくつかの事由は、これらを理由に異なった扱いをする場合には合憲性が推定されず、合理的であることの立証はこの扱いをした方に課されることになる。裁判基準としては、異なって扱うことが合理的かどうかだけでなく、異なって扱うことが「やむにやまれぬ政府目的」を実現するための最小限のものであることを証明しなければならないとする「厳格な基準」が適用されることになる。これは同条後段が列挙している人種、信条、性別、社会的身分、門地が、歴史的に差別の対象になってきたものであったり、自分の責任ではどうにもできないものであったりすることによると考えられる。

　人種は、歴史的に、また世界的にいわれのない差別の対象となっ

てきた。14条でいう「人種」は肌の色だけでなく、アイヌ人のような民族、外国人で帰化した人、両親の一方が外国人である人などを含むと考えられる。14条が「すべて国民は」となっていることから、日本人でない者を異なって扱うことは、ここでいう人種による差別にはならないが、だからといって差別的言論の対象とすることなどが許されるわけではない。

　信条は、宗教的信条、哲学的な思想、政治的な主義主張など、個人のアイデンティティーにかかわる根本的な考え方をいう。平和主義、共産主義、環境保護主義、男女平等主義など、自分の譲ることのできない人間のあり方そのもののようなことがらを根拠に差別することは人格を否定し、望ましくない国民というレッテルを貼ることになる。企業が労働者を雇用する際に、求職者の思想、信条を理由に採用しないことを決定したとしても、当然に違法とすることはできないとした三菱樹脂事件での最高裁判所の判断（最大判1973/12/12）は間違っているといえるだろう。企業が行う経済活動とは直接関係ない信条を理由に、不利に扱う正当な理由はないと思われる。

　性別は、これまで女性を劣位に扱うことが問題とされることが多かった。これは主に家族関係と労働関係において現れている。女性にだけ再婚禁止期間が設けられていること、女性の婚姻年齢が男性よりも2歳若いこと、女性労働者の若年退職・結婚退職制、賃金差別などさまざまな例が挙げられるが、今後も男女の性別役割分担など固定化したイメージをいかに排除していくかが課題となるであろう。また、「性別」はこれまで男女のことを表していたのであるが、近年やっと意識的に認識されるようになってきた、同性愛やトラン

スジェンダーなどLGBTの多様な性も、14条のいう「性別」の意味として考えていかなければならない。同性愛者であることを理由に就職で差別されたり、結婚を認められなかったりなどということがないように、またLGBTであることを一般には隠して生きなければならないような社会にならないようにしていかなければならない。

社会的身分とは、人種や性別以外で社会的に消極的にあるいは劣位に扱われてきた特定の集団ないし個人的な立場のことと理解される。被差別部落出身者や非嫡出子であるなどの、個人の意思ではどうにもならないことがらをいう。

門地とは、旧士族など生まれた家の家柄、家格をいう。

(2) アファーマティブ・アクション

憲法14条の要求する平等が、とりあえずは平等なスタートラインに立てることが大事なのだという意味で、機会の平等を意味するのか、それとも結果の平等までを要求しているのかで、平等実現に対するアプローチは変わってくる。アメリカで行われてきた積極的差別是正措置affirmative actionは、歴史的に劣位に扱われてきた人種・民族集団に州立大学の入学枠を設けるなどの優遇措置を行うことによって、結果の平等を実現しようとするものであった。これが逆差別になる、この措置があったからある地位に就けたのであって、結局劣等のスティグマから解放されないなどの批判もある。議会の性別クオータ制もこの種の措置である。人種、性別、社会的身分などにより少数派を優遇して扱うのであるから、違憲性審査において厳格な基準による必要はないだろう。

(3) 間接的差別

また、あからさまに人種や性別などで差別しているわけではないが、特定のグループに属する人には否定的な結果となり得るような条件を付けることによって、結果的に当該グループに属する人を排除しようとするかたちで行われる差別を間接差別という。例えば雇用の場で、「身長168センチ以上」、「課長以上は海外勤務可能な人」などという条件がこれにあたる。前者は女性の、後者は主婦でもある女性労働者の就業を困難にするからである。

(4) 選挙の平等

選挙権の平等は民主主義の実現を大きく左右するという意味でも重要である。憲法44条は「両議院の議員及びその選挙人の資格は、法律でこれを定める。但し、人種、信条、性別、社会的身分、門地、教育、財産又は収入によつて差別してはならない」と定めている。国会が選挙権に関する法律を制定あるいは改正する際に、但し書きのような事項について差別が禁止される。普通選挙が原則であるから、財産による差別といっても制限選挙はもちろん、一定財産以上の者には複数投票権などということは許されないし、高学歴者には二票などということも許されない。

実際に一人一票は確保されていても、選挙区によっては実質的に一人二票以上の投票価値が存する場合がある。この投票価値の平等が問題とされてきた。選挙区制度をとっている限り、人口の移動によってある程度の差は許されるとしなければならないが、ある選挙区の一票が別の選挙区の二票にあたるようなことは許される限度を

超えたものといわなければならない。

　かつての選挙区制度であった中選挙区制において、最高裁判所は、最大較差1対2.92に収めた1975年公職選挙法改正を違憲状態が一応解消されたものとしているが（最大判1983/11/7）、ある選挙区の投票価値が他選挙区の三人分に限りなく近いという状態を、平等ということはできないだろう。現在の小選挙区制の下でも一票の格差解消のための選挙区割りが問題になるが、できる限り1対1に近づけなければならず、もし1対1.99以内に収めることができないならば、選挙制度自体の欠陥を疑った方がよいのではないかと思われる。

(5) 貴族・栄典による特権

　憲法14条2項は「華族その他の貴族の制度は、これを認めない」とする。世襲制の貴族制度を廃止したことは、門地による優遇取扱いを否定したことにもなる。皇族は象徴天皇制を採用したことに伴う、憲法自身が認める例外である。

　同条3項は「栄誉、勲章その他の栄典の授与は、いかなる特権も伴はない。栄典の授与は、現にこれを有し、又は将来これを受けるものの一代に限り、その効力を有する」とする。文化勲章受領者に対する年金に関して、文化功労者年金法を定めて文化的に功労のあった者に対する年金支給として、「特権」の問題にならないよう配慮がなされている。しかし「いかなる」との整合性に疑問がもたれる。

第8章
自由権−Ⅰ　精神の自由

1　思想良心の自由

　憲法19条は「思想及び良心の自由は、これを侵してはならない」と定める。ここで保障の対象となっているのは信仰以外のすべての内心である。思想といってはいるが、哲学や倫理のような高尚なものが想定されているのではなく、人の精神的内面にあるすべてのものをいう。これが外部に現れれば表現の自由や学問の自由の対象になる。

　そうだとすれば、表現の自由や学問の自由を保障しておけば足りるとも思われる。しかし、日本国憲法以前の日本において、国家権力が国民の内心さえも支配しようとした状況を踏まえて、この思想良心の自由が保障されていると考えることができる。

　思想良心の自由が問題になるものとして、①特定の考えを強制される場合、②自分の思想良心を告白させられる場合、③思想や信条を理由に不利益取り扱いを受ける場合、が考えられる。

　名誉毀損の解決方法としての謝罪広告の強制が思想良心の自由に反しないとされた判決（最大判1956/7/4）は①にあたるものである。これには「謝罪」あるいは「陳謝の意を表します」という倫理的態度を意に反して公に公表することを強制することは違憲であるとする反対意見がついた。

もしも自分の考えが他に知られたら不利益を被らざるを得ないような状況において、それを明らかにせざるを得ない状況に追い込むことは②にあたる。支持政党を問われたり、デモ参加の有無を問われたりするようなことがこれにあたる。宗教が問題になるような場での「踏み絵」のようなものを想定すれば分かりやすい。

　企業が、労働者の採用決定の場面で、労働者の思想・信条を調査し、その者からこれに関連する事項について申告を求めて、その内容をもとに本採用を拒否しても違法ではないとした判決（最大判1973/12/12）は②および③にかかわる。労働力の質を求める企業が、個々の労働者についてそれを知ろうとすることは不可能であるから、他の情報でこれに代えようとする。在学している大学や学部、所属している部活動で、求職者が当該企業に向いているかどうかを判断することは合理的だと企業が信じるのも理由がありそうである。しかし、当該企業に就職を希望している求職者の思想・信条と労働力の質には合理的な関連性はないと思われる。単に採用する側が「おまえの考えが気に入らない」ということに過ぎない場合が多いのではないだろうか。

2　信教の自由と政教分離

（1）信教の自由の内容

　憲法20条1項前段は「信教の自由は、何人に対してもこれを保障する」とし、2項は「何人も、宗教上の行為、祝典、儀式又は行事に参加することを強制されない」と定める。これらが保障する信

教の自由の内容は、①宗教的内心としての信仰の自由、②宗教的活動の自由、③宗教的結社の自由、そして④布教の自由である。

これらの中で、①は、19条の保障する内心が宗教に関わる事柄である場合にあてはまる。内心である信仰は本人が黙っていれば他からは分からず、これを侵害するとなると「踏み絵」のようなものが想定されるが、②以下は、宗教的内心の外部への発露であるから、他者の認識するところとなり、宗教的少数派にとって多数派から好奇の視線にさらされることになる場合がある。このような場合に、宗教的抑圧が生じるというのが歴史的な経験の証明するところである。そのような抑圧が弾圧と宗教戦争にまで発展したことから、信教の自由を保障すると同時に、政治権力は宗教から距離をとるという政教分離が近代国家において採用されることとなった。

(2) 宗教活動の限界と便宜供与

政府が直接宗教活動などを抑圧することは現在では想定できないが、宗教中立的につくられた法律などの規範が、たまたま特定の少数派宗教にとって抑圧的に作用することがある。

刑法は宗教中立的規範であるが、これと宗教活動が抵触する場合がある。精神障がい児の回復祈願のために行った線香護摩の最中に、この障がい児が心臓麻痺で死亡した加持祈祷事件では傷害致死罪が適用され（最大判1963/5/15）、宗教活動の自由は認められなかった。しかし建造物侵入などの疑いで警察に追われた高校生二名を教会内に匿い、出頭を説得した牧師が犯人蔵匿罪に問われた牧会活動事件では無罪とされた（神戸簡判1975/2/20）。前者においては人の死という重大な結果を生じさせており、このような他者に害

悪を加えるような行為にまで信教の自由の保障を認めることは、個人の尊重という人権それ自体の価値を損なうことになる。後者の事件においてはそのような結果を生じているわけではない。信教の自由に限界があるとすれば、他者に対する害悪があるかどうかが問題となる。

これとやや似た事例として、かつては信教の自由の限界として論じられてきたものがある。それは信教の自由が保障されている社会において、宗教に対して便宜が図られなければならないという議論である。どこまでなら信教の自由実現のために必要で、どこからが政教分離に反することになるのかということが問題となっていた。これもある意味では宗教活動の限界の議論である。

牧師である父親の主催する教会の日曜学校に出席するために日曜日の授業参観日を欠席した公立小学校の児童が、この欠席扱いを争った日曜日参観事件において、公教育の宗教的中立性と欠席扱いという負担が軽微なことであるという理由から敗訴した事件があった（東京地判1986/3/20）。宗教的中立性という観点からすると、キリスト教徒ではない多数派は日曜日に小学校に来ることはできるが、キリスト教徒という少数派は教会の日曜学校に出席しなければならないという事情があったとすれば、後者を無視することが宗教的に中立であるということは少数派に対する抑圧を正当化することになるのではないだろうか。また負担が軽微かどうかは信者だけが知っていることで、裁判所が判断することではないだろう。ここでは日曜日に授業参観をするということ自体は、特定の宗教を抑圧することを理由としているわけではなく、宗教中立的であると一応はいえる。しかしこのような宗教中立的措置がたまたま特定少数宗教

にとって負担になる場合は、それが重大か軽微かを判断せずに当該宗教者を免除することが信教の自由の帰結だと考えることを便宜供与という。

エホバの証人は闘うことを拒否する教えを守る宗教であるが、この信徒である神戸高専の学生が必修であった剣道の実技授業を拒否して留年、翌年も拒否して退学処分になったことを争った事件があった。神戸市側は宗教的中立性から、宗教を理由に代替措置をとって剣道実技を免除することはできないと主張し、下級審はこれを容れて原告敗訴としたが、最高裁は、剣道の実技をしなかったことを理由とした退学処分は校長の裁量権の範囲を逸脱した違法なものとして原告勝訴とした（最判1996/3/8）。

アメリカでは、宗教上の理由により安息日である土曜日に働けない労働者が、土曜日営業とした企業を退職し雇用保険給付を請求したが、法律により自己都合で退職した者には給付されないとして拒否されたことを争った事件があった。連邦最高裁は、この労働者に雇用保険給付を拒否することは、神の教えを守って失業給付なく失業するか、神の教えを破って働くかの選択を強いることになるが、それはこの労働者にとって耐え難い負担を強いることになるとし、この負担から免除されることが信教の自由の意味であるといって原告勝訴とした（Sherbert v. Verner, 374 U.S. 398 (1963))。

(3) 政教分離の意義

政教分離は信教の自由を確保する土台であるとかつては考えられていた。しかし、先に述べたエホバの証人剣道拒否事件が政教分離を貫くと信教の自由と抵触することがあることを示したことによ

り、信教の自由と政教分離は密接な関連はあるが別のことであるという理解が進んだ。そうでなければ国教制度を採用するイギリスにおいて信教の自由が存在しないことになってしまう。各国の政教関係は、国教と宗教的寛容の組合せのイギリス、教会と国家の関係をあらかじめ規律しておくという政教条約のドイツやイタリア、そして政教分離のフランスやアメリカなどがある。政教分離といっても、厳格な宗教的中立性を貫こうとするフランスでは、公立学校でイスラム教徒の女子のスカーフを許さないとすることが宗教的少数派の信教の自由との関係で問題となり、アメリカでは公立学校から聖書読会や祈祷を排除した後にそれが宗教に対する敵意の表れだとする批判が持ち上がるなどの問題がある。

　ではなぜ政教分離なのだろうか。民主政治は政治権力を目指す者にとって、何が国民と国家のために重要なことであるかを説得することが必要である。説明し説得することで有権者の賛同を得て国家を運営していかなければならない。しかし政教分離でなければ、政府が国教を定めるなどして宗教と結びつき、これを利用することにより説明と説得を省略して権力行使することが可能となってしまう。神を持ち出せば、政府の政策に反対することは難しいだろう。また宗教は、その存在のためには次の世代を得るために布教が必要である。これも説明と説得を相当な程度で行う努力を要する営みである。もし政教分離でなければ、政府と結びついた宗教はこの努力を必要としなくなる。政府に従えといえばよいからである。つまり、政教分離は政府と宗教のどちらかあるいは両方が堕落しないためにあるということができるだろう。そうすると、政府と宗教が堕落しない程度であれば分離は相当程度緩和されてもよいことになる。こ

こから政教分離が程度の問題であるという考え方が生じるのである。

(4) 政教分離の内容

憲法20条1項後段は「いかなる宗教団体も、国から特権を受け、又は政治上の権力を行使してはならない」と定め、同条3項は「国及びその機関は、宗教教育その他いかなる宗教的活動もしてはならない」とする。さらに89条は「公金その他の公の財産は、宗教上の組織若しくは団体の使用、便益若しくは維持のため……これを支出し、又はその利用に供してはならない」として政教分離を財政的に補強している。

ここから導かれる政教分離の内容は、①宗教団体に対する特権付与禁止、②宗教団体の政治権力行使禁止、③国家機関による宗教教育禁止、④国家機関による宗教的活動禁止、⑤宗教団体への公金支出と使用の禁止、である。フランスでは「非宗教的共和国」、アメリカでは「連邦議会による宗教公定化禁止」とされる政教分離規定であるが、日本国憲法ではかなり細かい規定になっている。

(5) 目的効果基準

かつて政教分離は絶対的分離か相対的分離かという議論があった。実はこの議論には意味がない。社会に存在する宗教に全く関わらずに政府が存在することは不可能だからである。宗教法人に関する法律が必要であったり、宗教団体が設立した学校の扱いを取り決めておかなければならなかったり、宗教施設にある文化財の保存を政府がやらなければならなかったりするからである。そうすると政府と宗教の関わりがすべて政教分離違反となるのではなく、関わり

合ったとしても政教分離違反になるものとならないものがあるという理解になるだろう。それはいったい何なのかということを判断するために基準が持ち出されることになった。それが「目的効果基準」である。

津地鎮祭事件で最高裁判所は、市立体育館建設の際に行われた地鎮祭に市職員が参列した上で公金が支出された事例を判断するにあたって、政府の行為の「目的が宗教的意義をもち、その効果が、宗教に対する援助、助長、促進又は圧迫、干渉等に」なるようなものが政教分離違反となるとし、当該事件における地鎮祭の目的は「工事の安全」という世俗目的であり、地鎮祭は宗教儀式というよりは慣習と考えることも出来るから、援助、助長などの効果はないとし、政教分離には反しないと判断した（最大判1977/7/13）。

こうして成立した「目的効果基準」は、殉職自衛官の護国神社合祀が争われた山口自衛官合祀事件でも判断基準として使われることになった。これは訓練中の事故で亡くなった自衛官を自衛隊地方連絡部職員が護国神社に合祀申請したことを、キリスト教徒である妻が争ったという事件であった。最高裁は、合祀申請は隊友会という私的団体の行為であるとした上で、合祀申請の目的を世俗的な「隊員の士気の高揚」であるとして訴えを退けた。さらにこの妻には「寛容」を説いた（最大判1988/6/1）。

目的が世俗的であれば問題ないと考えるのであれば、「士気の高揚」という目的そのものには宗教的意義はないので、政教分離に反しないことになる。しかし合祀申請という行為は、殉職自衛官を神として祀ってもらうという宗教的意義をもった目的で行われたものである。さらに、「士気の高揚」が世俗目的といっても、このよう

な世俗の政治目的のために宗教を利用しないことに政教分離の意味があるといえる。というのは、1945年夏以前の日本において、戦争遂行という軍事目的のために神社が利用されたという歴史をくり返さないことに、日本の政教分離の意義があるからである。

　妻に対して「寛容」を求めたことに対しては、少数意見が「宗教的潔癖さの強い少数者」に対する配慮を説いた。多数者がこれでよろしいということに対して、どうしても耐え難い少数者がいる場合に、その少数者に対して多数者は寛容であれとするのが人権の意味であることを考えてみるべきだろう。

　この「目的効果基準」が使われた愛媛玉串料訴訟では、県知事が護国神社の例大祭に際し、玉串料等を公金から支出したことについて、このことが「宗教的意義を有するものであるという意識」を持たざるを得ないものであり、「一般人に対して、県が当該特定の宗教団体を特別に支援しており」この宗教団体が「特別のものであるとの印象を与え、特定の宗教への関心を呼び起こすもの」といえるとして政教分離に反するとした（最大判1997/4/2）。さらに少数意見で、「目的効果基準」に対する疑問が付されていた。

(6) レモンテスト

　この「目的効果基準」は、実は日本の最高裁判所のオリジナルな基準ではない。アメリカ合衆国連邦最高裁判所で、宗教系私立学校に対する公費補助の違憲性が問題になった事件において、①政府行為の目的が世俗的なものであること、②その効果が宗教を援助、助長、促進したり圧迫、干渉したりしないこと、③政府と宗教が過度にかかわりをもたないものであること、という三基準のどれかに該

当すれば違憲と判断されるという基準が確立された。事件の名前を冠して「レモンテスト」と呼ばれる（Lemon v. Kurtzman, 403 U.S. 602, (1971)）。これを、津地鎮祭事件を判断する際に日本の最高裁判所が輸入するかたちでつくりあげたのが「目的効果基準」であり、「レモンテスト」の三番目の基準は上手く除外されていた。

　アメリカ合衆国憲法の政教分離規定が「連邦議会による宗教公定化の禁止（修正1条）」という抽象的なものであるのに対し、日本国憲法の政教分離規定は相当具体的である。憲法も違えば、宗教にまつわる社会的状況も異なるところから裁判基準を持ってきたことに対して、次の二通りの修正点が指摘されてよい。一つは、アメリカのように「目的、効果、過度のかかわり」という三基準で判断するよう「目的効果基準」を精緻化すべきというものである。今一つは、日本の政教分離にこのような基準は必要なく、憲法の条文どおりに判断すればよいとするものである。後者の道を行くべきではないだろうか。

3　表現の自由

A　表現の自由の意義

（1）表現の自由とはなにか

　憲法21条1項は「集会、結社及び言論、出版その他一切の表現の自由は、これを保障する」と定める。この広い意味での表現の自由は、思想の自由や信教の自由が自己完結的な性格を持っていたの

と異なり、コミュニケーションという他者との関係性において成立するという性格を持っている。だから山の頂上や大海原で誰にも聞かれないことを確認したうえで愛を叫んでも、これは言語表現であるが表現の自由とは無関係である。

　逆にコミュニケーションが成立するのであれば、表現は言語である必要はない。音楽でも、写真でも、絵画でも、ダンスでも何でもよい。それが「その他一切の表現」の意味である。様々な表現に触れることにより、様々な価値観が存在することが理解できるであろう。このことによってより寛容な人間になることができるし、人間的な発展も期待できる。そのためには、すばらしい表現だけが許されるのではなく、くだらない表現も許されていなければならない。一つにはくだらない表現に触れることにより、その表現者と関係性を取り結ぶべきでないという判断ができるからであり、今一つには、くだらないと判断するのが多数者であった場合に、特定の意見をくだらないと判断して抑圧してしまうことが危険だからである。

　異端の表現を行うことに表現の自由の肝というべきものがある。正統を気取る者は異端を排除したくなる。自分を批判する表現を抹消してしまうことにより、永遠に正統であり続けることができるからである。表現が危機にさらされるときは、いつも少数派の表現であることは歴史の証明するところである。少数者の価値観に触れながら社会全体が多様な価値、多様な思想、多様な文化で溢れる豊かな社会になるところに、表現の自由の意義があるといえよう。

（2）民主的政治過程の確保

　表現の自由は何よりもまず民主主義が成立するために必要だといわ

れる。国民が政治的判断をする場合に何を基準とするか。それは普段から議論になっているはずの政策、思想、批判、意見、事実などを入手し、また自ら発信し、その反応を確認しながら自らの政治的確信を深めていく。それは選挙のときだけでなく、毎日の生活の中で政治にアクセスすることが必要である。候補者も投票者も自由に意見を述べ、情報を交換し、必要ならば批判することによって、民主政治は鍛えられていくのである。

　政治権力を握った者は、それを失わないためには常に正しくあることが要求される。誰から見ても常に正しいことなどはあり得ないから、必ず批判的表現は存在する。その批判的表現が国民に説得力を持てば持つほど、政治権力は危ういものとなっていく。これを切り抜ける手っ取り早い方法は、批判を封じてしまうことである。自らに都合の悪い表現を禁止してしまえば、政治権力に都合のよい表現だけが流通することになる。そこで一切批判されない政府が、その権力を永久に保持することができることになる。これは一部の者による一部の者のための政治であり、民主政治とは最も遠い存在である。表現の自由が民主主義そのものと考えることができるのはこのようなわけである。

(3) 個人のアイデンティティーの確立

　とはいえ、各人が毎日表現する内容は民主政治に関わるものばかりではない。民主政治とは関係のない事柄の方が多いのではないだろうか。言いたいことは言ってみるということが、民主主義と無関係であっても、それが個人のアイデンティティーの確立に寄与するのであるから、このような表現も民主的政治過程にかかわりがない

からといって軽視されてはならない。

　自分の考えを持とうとせず、いつも誰かに従っている人間はアイデンティティーを確立できず、生きにくさを感じることになってしまう。アイデンティティーを確立し自律した個人になるためには、自分で考え、それを発信しなければならず、他者の考えを受信しなければならない。どのような世界観、哲学、倫理を持って生きるか、午後の授業はパスしようとか、厳しい部活をやめようとか、今日こそ愛を告白しようとか、様々なことを自分で判断しながら生きるために、表現の自由が果たす役割は無限である。

(4) 二重の基準

　表現の自由の優越的地位といわれることがある。これは表現の自由を規制する法律と、経済的自由を規制する法律では違憲性の審査基準が異なり、前者には厳格な審査基準、後者には合理性基準など緩やかな基準で審査されるというものである。

　この背景には、国民代表機関である国会が制定した法律は民主的手続に従ったと思われる国会を信頼して、合憲であるという前提で運用されるべきであり、ある法律が適用される者がこれを違憲だと判断して争う場合には、この者が違憲性の立証をしなければならないという考え方がある。これを「合憲性の推定」という。しかし、表現の自由を規制する法律は国会の民主的という前提を失わせる可能性があるとともに、近代立憲主義の想定する個人、つまり、自律した個人としてのアイデンティティーの確立を不可能にしてしまう可能性もある。だから、表現の自由を規制する法律はまず違憲であると判断して、この法律の適用を争うときには、政府の側が合憲で

あることを立証しなければならないと考える。これを「違憲性の推定」という。

違憲審査と呼ばれるこの判断を行う機関は裁判所であるから、裁判所は、経済的自由を規制する法律については、それがよほど不合理な結果を生じさせるようなものでない限りは合憲と判断して法律の執行を認め、表現の自由を規制する法律については、ある表現を規制しないと他者の人権が侵害されるなどの取り返しのつかない害悪が生じることが明らかであるような場合を除いて違憲と判断して法律を無効にすると判断することになる。これが「二重の基準」であり、ここから「表現の自由の優越的地位」といわれるようになったのである。

(5) 思想の自由市場

誰もが自由に自分の意見を述べ、写真や絵画を見せ、音楽を聴かせたり踊ったりして、メッセージを伝えることができる。このような多元的な言論その他が流通する社会であってはじめてその社会の構成員は多様な価値に触れることができる。いつでも、どこにいてもこのような多元的な言論その他に触れることができる社会を「思想の自由市場」という。この「思想の自由市場」をいかにして完成していくかが、表現の自由に課せられている。

そのためには、表現する側だけでなく、表現を受け取る側の自由が射程に入ってこなければならない。「思想の自由市場」は誰かが表現したものを、別の誰かが受け取り、何らかの反応をし、それをまた受け取ることができるコミュニケーション市場だからである。この市場を歪めないように、私たちは何に注意していなければなら

ないだろうか。以下でこのことについて考えてみたい。

B 表現規制

(1) 検閲の禁止

憲法21条2項前段は「検閲は、これをしてはならない」と定める。検閲とは、表現を事前に規制してしまうことをいう。

表現の自由は思想の自由など内心の自由と異なり、他者に影響を与えることを前提としている。だから他者に与える影響次第では、やむを得ず規制しなければならない場合も生じる。このような場合においても事後規制でなければならない。これを「事前抑制の禁止」という。事後規制というのは、どんな表現でも一度させておいて、表現したあとでこれを判断して刑罰を科すというやり方である。なぜ事後規制でなければならないのかというと、事後規制であることによりその表現が、一度は「思想の自由市場」に流通するからである。流通することにより、国民がこれに触れ、規制すべき表現であったとか、規制するような表現ではないとかの判断が可能になる。この判断こそが民主政治と個人のアイデンティティーを鍛えることになる。

ところが事前規制された表現は、一度も「思想の自由市場」に流通することはない。つまり国民は永久に知らないという状態に置かれるのである。政府が事前規制を行った場合にその対象となる表現は、政府にとって不利益になるようなものであることが多いだろう。政府が行おうとする政策に不都合な事実がある場合に、これを国民に知らせずに遂行してしまおうとするならば、情報をコントロールしてこのような事実は隠し、都合のよいことだけを報道させ

るということができれば反対者もなく目的遂行できる。真実を知らずに選挙などの機会に判断する国民は、本来の自律的な判断はできず、そのような判断の結果は民主的に行われたとは言い難い。このような多数者の情報コントロールを許さないために、憲法は「検閲」を絶対禁止にしているのである。

　では次に、何が「検閲」なのかという問題に答えなければならない。かつて税関による一定の表現物の輸入禁止処分を検閲にあたらないと判断した事件で、最高裁判所は「検閲とは、行政権が主体となって、思想内容等の表現物を対象とし、その全部又は一部の発表の禁止を目的として、対象とされる一定の表現物につき網羅的一般的に、発表前にその内容を審査した上、不適当と認めるものの発表を禁止すること」と定義した（最大判1984/12/12）。この定義は非常に狭いものである。検閲の主体を行政権として、裁判所を除外したのは、後者を「差止」としてやむを得ない事前規制と考え、「検閲」については絶対禁止にするという判断だと理解することもできる。しかし、対象を「思想内容等」に、目的を「発表の禁止」に、態様を「網羅的一般的」に限定したことにより、これらのどれかにあたらない事前規制は検閲ではないことになってしまう。この定義に従って税関検査を合憲とするためには、海外で発表済みであるものの輸入を禁止するだけであり、貨物一般の審査であって思想内容を審査したのではないと言えば十分であった。「これは思想内容ではない」といってしまえば事前規制が許されるこの「検閲」の定義は、事前規制が過去に残した負の遺産を過小評価していることになるだろう。憲法が禁止している検閲とは、行政権による、一切の表現の、発表に限定しない、部分的なものも含めた事前規制であると

考えられる。そうすれば、教科書検定について、教科書として出版できなくても一般図書としては出版できることを、思想内容等の審査にわたるものであっても検閲ではない（最判1993/3/16）ことの理由とした最高裁判所の考えは否定されることになる。

裁判所による事前規制は「検閲」ではなく「差止」として許されるとしても、それが許される条件はどのようなものであろうか。公職の選挙に立候補を予定している者に対する誹謗を記載した雑誌記事が名誉を侵害するものだとして、発行を差止めた仮処分が認められたことを争った「北方ジャーナル」事件で、最高裁判所は、裁判所による事前の差止は検閲にあたらないとしたうえで、差止を「表現の自由を保障し検閲を禁止する憲法21条の趣旨に照らし、厳格かつ明確な要件のもとにおいてのみ許容」されるものとした（最大判1986/6/11）。例外的に許される事前規制である「差止」は、もしその表現が行われたならば、取り返しのつかない害悪が即座に現れることが明らかであることが証明されたときだけに限られるとする最高度に厳格な基準を用いるべきであろう。

(2) 文面無効

表現を規制する法律は厳格に審査されなければならない。それは表現の自由の優越性からも導かれるものである。表現規制法律が争われるときは、ある人が表現を行った結果、その表現が特定の法律の禁止するところとなって刑罰その他の不利益が科される場面である。このような場合に、当該法律の当事者への適用ではなく、法律の文面そのものが違憲であると判断される場合がある。このような判断を文面無効という。

その一つ目は「過度に広汎故の無効」というものである。法律の立法目的を達成するためには、あまりにも広すぎる規制をしていることを理由に、このような法律の条文を文面から判断しただけで違憲無効とするものである。憲法上最高度に保護されるべき表現という行為が、過度に広汎な規制法律により萎縮効果を受けてしまうということが第一の理由である。萎縮効果というのは、表現者がこれから行おうとする表現を、もしかしたら法律違反になって不利益を科されるかもしれないと危惧することにより、自己規制してしまうことによって生じるものである。自己規制がかかった表現は不自由な表現であり、表現の自由とは相容れないものである。さらに、法律を執行する機関、多くの場合は警察が恣意的に運用することが可能となることが第二の理由である。立法目的に抵触しないにもかかわらず、規制の過度に広汎な部分にあたるとして、特定の表現だけが取り締まりの対象となるのであれば、表現の自由は重大な危機に見舞われることになるのである。

　二つ目は「曖昧故の無効」というものである。規制法律の文言は誰にでも理解できるように明確でなければならない。一般的に何が法律によって禁止されているかが明確であることによって、人は禁止されていない範囲で自由に行動できるのである。表現の自由という重要な権利が問題になる局面で、何が禁止される表現なのかが明確でない場合には、どんな表現だと刑罰その他が科されるのかが分からないがために、表現を断念してしまうという萎縮効果が発生する。また曖昧ゆえに、取り締まる側の恣意的運用がなされる可能性もある。だから曖昧な規制法律は過度に広汎な規制法律と同様に、その文面だけで表現の自由に反して無効とされなければならないと

考えられるのである。

(3) 内容規制

　内容規制とは、表現の内容による規制であり、その表現内容そのものが害悪を生じるものであることが規制の理由である。表現の自由のまさに核心を規制理由にしているものであるから、このような規制が違憲性審査されるときは厳格な基準によらなければならない。「やむにやまれぬ（compelling）政府利益」基準、「明白かつさし迫った危険（clear and present danger）」基準が考えられる場面である。当該表現を規制しなければならない、やむにやまれぬ政府の利益が存在すること、あるいはその表現が行われることにより明らかに即座に害悪が生じることなどを政府が立証できなければ、その規制法律の適用は違憲と判断されることになる。

　i) わいせつ　内容規制として、まず、わいせつな表現が挙げられる。刑法175条は、わいせつ文書、図画その他のものを頒布し、販売し、または公然と陳列した者、販売の目的でこれらの物を所持した者を処罰対象とする。

　ロレンスの『チャタレー夫人の恋人』をめぐる裁判で、最高裁判所はわいせつ物の定義として「徒に性欲を興奮又は刺激せしめ、且つ普通人の正常な性的羞恥心を害し、善良な性的道徳観念に反するものをいう」とした（最大判1957/3/13）。そこでは表現の自由を極めて重要なものであるとしたうえで「性的秩序を守り最小限度の性道徳を維持することが公共の福祉の内容」であるとした。サドの『悪徳の栄え』をめぐる裁判でも最高裁判所は「芸術的思想的価値のある文書についても、それが猥褻性をもつものである場合に

は、性生活に関する秩序および健全な風俗を維持するため、これを処罰の対象とすることが国民全体の利益」であるとした（最大判1969/10/15）。わいせつの定義が明確であるとは言いがたく、また「公共の福祉」や「国民全体の利益」という抽象概念で、表現の自由の規制が正当化されるものなのかはかなり疑問である。

　なぜわいせつな表現が規制されるのかを考えると、この表現を好んで自分から受け取ろうとしている人を保護するためではないはずである。判決の言葉を使えば、このような人は性欲を興奮、刺激されたいのであって、害されるような性的羞恥心を持ち合わせてはいないであろうからである。性道徳を維持することが目的だとすると、何が道徳なのかを政府が決定できることになってしまう。政府が人の内心にまで関与することは立憲主義国家においては許されないはずである。そうするとわいせつ表現規制は、見たくないのに見せられて不愉快になった人、ポルノビデオに出演したくないのに騙されて出演せざるを得なくなってしまった人、わいせつ表現に刺激されて引き起こされるかもしれない性犯罪の被害者などといった、この表現の本来の対象ではない人を保護していると考えることになる。

　表現内容に関する規制だけに、このような被害が生じる明確な根拠を政府が証明しなければならないとすれば、「わいせつ」という文言は曖昧なのではないだろうか。

　文学、映画、絵画といった芸術作品や、医学書、歴史書といった学術書などの中にも「性欲を興奮又は刺激」するものはあるだろう。そのようなものまでわいせつ表現として規制されてしまう危険を、最高裁判所判決自身が証明しているのである。刑法175条は文

面無効とされるべきであろう。

　ⅱ）**名誉毀損**　次に名誉毀損の表現が挙げられる。刑法230条は、公然と事実を摘示して他人の名誉を毀損した者を、その事実の有無に関わらず処罰対象としている。その上で、230条の2の1項で、公共の利害に関する事実で、目的が公益を図ることにあり、真実であることの証明がある場合には罰しないとする。

　人の社会的信頼と評価を害してしまうような表現から個人を守ることが、この規定の目的である。表現内容がこの名誉侵害にあたるときは刑罰を科されることになる。ここでは表現の自由と名誉権という権利が衝突している場面と理解することができる。どのような表現が名誉毀損になるかが分からなければ、表現に対する萎縮効果が生じることになる。だから他者の名誉に関わる表現であっても、それが行われた文脈によって名誉権が尊重されるべきか、表現の自由が優先されるべきかが考慮されなければならないはずである。

　ここで名誉といっても、私人の名誉と公人のそれは区別して考えるべきであろう。私人の名誉が公共の利害や公益に関わることは少ないと考えられるのに対し、公人の名誉に関する表現はそれらに直接それらに関わるものと考えられるからである。公人の名誉に関する表現につき、それが事実に反すること、または事実に反する高度の蓋然性があることを、表現者が知っていたことが立証されない限り、名誉毀損は成立しないという「現実の悪意」原則がアメリカでは判例法理として確立している。議員や大臣、地方自治体の首長などの公人がどのような人物で、今までに何をし、何をしなかったかは有権者の重要な判断基準となり、これを知ることのできない状況は民主主義の危機ともいえるだろう。

230条の2は真実であることの証明を要求しているが、判例法理は、真実であることの証明がない場合でも、表現者が、当該表現内容を真実であると誤信し、かつ誤信したことについて確実な資料、根拠に照らして相当な理由のあるときは故意が認められず名誉毀損罪は成立しないとしている（最大判1969/6/25）。このように解しなければ、政治家の不法・不当な行為について報道することが不可能になってしまうであろう。

ⅲ) **煽動**　犯罪の煽動といわれる表現が規制される場合として、刑法の内乱罪・外患誘致罪・同援助罪を実行させる目的をもって行う煽動に関する破壊活動防止法38条、政治上の主義等を推進・支持・反対する目的で放火・殺人等や騒乱等の罪を実行させる目的をもって行う煽動に関する破壊活動防止法39条及び40条がある。煽動罪は、煽動された者が犯罪を実行するかもしれないという危険性があるというだけで表現を処罰対象とする、実行行為とは無関係の犯罪である。この煽動罪を広く認めてしまうと、政治上の主張をしただけで犯罪行為として処罰されてしまうなど、表現の自由に重大な制限を課すことになる。

煽動罪が成立するには、その表現により違法行為が行われる「明白かつさし迫った危険」があることが証明されなければならないという、厳格な基準によるべきである。さらに、アメリカ判例法理として定着している「ブランデンバーグ基準」によれば、表現内容が直ちに違法行為を引き起こそうとするものであり、結果として当該違法行為が実際に行われる具体的危険性があった場合にのみ、そのような表現が処罰されるとする。

ⅳ) **営利的表現**　広告など営利的表現については、経済的利益を

得るために商品やサービスについての情報を消費者に向かって発信するものであり、表現ではあるけれども経済活動の一環として行われるものであるから、他の表現と比べて一段階低いものと考えられているようである。最高裁判所はかつて、あん摩師はり師きゅう師及び柔道整復師法 7 条による適応症の広告禁止について、「もしこれを無制限に許容するときは、患者を吸引しようとするためややもすれば虚偽拡大に流れ、一般大衆を惑わす虞があり、その結果適時適切な医療を受ける機会を失わせるような結果を招来する」といった弊害を防止するために一定事項以外の広告を禁止することは「国民の保健衛生上の見地から、公共の福祉を維持するためのやむを得ない措置」であるとした（最大判 1961/2/15）。

　広告は経済活動の一環であるとしても、利用者からすれば人生の選択に関わる情報を提供しているものである。それが表現内容に基づく規制である限り、厳格な基準を満たさない限り違憲とすべきではないだろうか。

(4) 内容中立規制

　表現の内容には関わらず、表現が行われる場所、時間、方法について規制が行われることがある。これを内容中立規制という。ビラ配り、ビラ貼り、拡声器の使用、集会やデモンストレーション、戸別訪問などが挙げられる。この規制は表現内容を問題とせず、その手段、態様が引き起こす弊害を規制の理由としている。内容規制とは異なり、表現の自由の核心部分を規制しているわけではないが、表現行為を不可能にしてしまうことも可能となる規制であるから、内容規制に対する厳格な基準よりは緩やかであるが経済的自由規制

に対する合理性基準よりは厳格な、中間審査基準によって違憲性審査が行われることになる。

この中間審査基準として「LRA基準」がある。これは立法目的を達成するために、より制限的でない他の規制手段 less restrictive alternative があるにも関わらず、これを選択しなかった場合に、現在の表現手段等の規制は違憲となるとするものである。まず立法目的が正当であるかが審査され、次にその目的を達成するための最小限規制であるかが審査されることになる。

ⅰ）ビラ貼り・ビラ配り　ビラ貼りは軽犯罪法1条33号や各地方自治体の屋外広告物条例によって規制されている。前者は他人の家屋などの財産、後者は都市の美観が保護対象であろう。貼られたビラは長時間放置された状態にあるものであるから、剥がれたビラや貼り付けた跡の始末の問題はあるが、全面的に規制することは最小限規制とはいえないだろう。

ビラ配りはビラ貼りとは異なり、ビラが美観を損ねるということは考えられない。手渡されたビラが捨てられることは考えられるが、これは回収を義務付ければよいので全面的規制は違憲となる。ビラ配りが問題となったのは、私鉄駅構内における、駅員の許諾を受けずに行われたビラ配りが表現の自由の保護を受けるかどうかが争われた事例においてである（最判1984/12/18）。結局鉄道営業法35条違反とされた判決の補足意見のかたちで伊藤裁判官が述べた「パブリックフォーラム」論は重要である。つまり、道路や公園など一般に人が出入り往来することができる場所は、公衆が表現する場としてのパブリックフォーラムと考えることができ、このような場所が「表現の場所として用いられるようなときには、所有権や、

本来の利用目的のための管理権に基づく制約を受けざるを得ないとしても」表現の自由の保障には配慮すべきであるとしたうえで、駅前広場のような場所はパブリックフォーラムとしての性質をもつことがあると述べたのである。パブリックフォーラムにおけるビラ配りは、所有権や交通の秩序を理由に全面規制することは違憲であり、より制限的でない他の手段によらなければならない。

ⅱ) **戸別訪問** 選挙のときに、特定候補者への投票を依頼するなどのために戸別訪問することは、公職選挙法138条が禁止している。場所も、時間も、方法もすべて一律に禁止しているのである。選挙のときは特に国民の政治的関心が高まり、政治的表現の重要性が増す時期であると考えられるが、このときに戸別訪問を特に禁止する理由は何であろうか。

最高裁判所によると、戸別訪問は買収、利害誘導の温床となり、選挙人の生活の平穏を害するなどの弊害が生じるから、これを防止するために戸別訪問を一律禁止するのは合理的であり、表現活動に対する付随的規制であるという（最判1981/6/15）。しかし、戸別訪問禁止は一律禁止である点でLRA基準をクリアできないと思われる。買収や利害誘導が生じないようにするために、玄関先に限るとか、事業所を対象から除外するなどの制約が考えられるし、選挙人の生活の平穏を守るためであれば、時間を限定することも考えられる。また、投票を依頼するのに選挙人の生活を妨害する訪問者がいるとは思われないが、どうであろうか。現在の戸別訪問禁止は、表現の場所、時間、方法について最小限規制と思われない違憲の規制であろう。

別の最高裁判決で、伊藤裁判官は、戸別訪問禁止を弊害防止論

で正当化するのではなく、選挙運動を公平に行うためのルールの設定として捉えることを補足意見で述べたことがある（最判1981/7/21）。弊害防止という消極目的規制から、選挙の公正という積極目規制への捉え直しの議論であるが、これは違憲性審査基準を一ランク緩やかにすることにもつながるし、国家による実質的自由促進につながる議論であるともいわれるが、法人の権利の前に個人の権利が縮小される場面でもないところに、「国家による自由」の議論を持ち出すべきではないと思われる。戸別訪問という個人の表現は、ルール以前に存在している。

ⅲ）**集会** 憲法21条は集会の自由をも保障している。集会に参加した人が、集会を通して表現活動を行うこと、そして集まったという事実だけで十分に表現になることが重要である。そこで伝えられようとしているメッセージに賛同した人々がいるという事実が、それを見た人に伝えるメッセージそのものになる。動く集会であるデモンストレーションも同様である。

集会が行われる場所としては、広場、公園、道路、公会堂など集会のために造られた施設が考えられる。これらは表現に対して開かれたパブリックフォーラムとしての性格を有している。このパブリックフォーラムにおける表現は、一律に禁止されることは許されず、内容規制の場合も内容中立規制の場合も、それぞれの基準に従った審査が要求される。

公道上のデモンストレーションを規制する公安条例について、かつて新潟県公安条例事件において最高裁判所は、デモンストレーションは本来国民の自由であり、条例で届出制を定めることは格別、一般的な許可制を定めてこれを事前に抑制することは憲法の

趣旨に反し許されないとした。その上でデモンストレーションを禁止できる場合として、公共の安全に対し明らかなさし迫った危険を及ぼすことが予見されるときという基準を示した（最大判1954/11/24）。ここではデモンストレーションを禁止することができる要件が、厳格に限定されていた。

しかしその後、東京都公安条例事件において最高裁判所は、デモンストレーションを「甚だしい場合には一瞬にして暴徒と化し、勢いの赴くところ実力によって法と秩序を蹂躙し、集団行動の指導者はもちろん警察力を以てしても如何ともし得ないような事態に発展する危険が存すること、群集心理の法則と現実の経験に徴して明らかである」という特異なデモンストレーション感を示し、公共の安全に危険を及ぼすおそれがある場合にデモンストレーションの禁止を広く認め、包括的な規制を憲法に反しないとした（最大判1960/7/20）。さらに徳島県公安条例事件では、許可条件が「交通の秩序を維持すること」という不明確なものでも違憲とはいえないとした（最大判1975/9/10）。

iv）**民衆の表現** ここで取り上げた表現方法は、民衆の表現方法であるといってよい。テレビやラジオ、雑誌、新聞に出てきて表現することは考えられず、もっぱらそれらを見て、聞いて、読むだけの多くの国民が、簡単に印刷できるようなビラを貼ったり配ったりし、戸別に訪問して話をし、自分なりのポスターを掲げて集会に参加し、そこでマイクを握るなどは、最小限の経済的負担で「思想の自由市場」に参入できる方法である。政府要人、財界人、有名人などによって行われる表現が頻繁に流通する中で、それらとは異なる意見、考え、主張を表現しようとする一般民衆が、社会の少数者と

して、このような考えもあるのだと表明できる手段を規制してしまうことは、社会における支配的多数者の表現だけが流通する社会をつくってしまうことになる。表現の自由が保障される社会とは、多数者であれ少数者であれ、権力的地位にあるものであれそうでないものであれ、対等に「思想の自由市場」に参入できる社会である。個人が尊重される社会、そして民主主義社会とは、このような社会でなければならない。民衆の表現方法がどれくらい許されているかが、それを計る目安となるだろう。

C 現代的問題状況

(1) 知る権利

　表現の自由の現代的状況とは、マスメディアの発達によってもたらされた、表現の「送り手」と「受け手」の分化という状況をいう。近代立憲主義成立期の社会においては、表現の担い手としての個人は対等であったといってよいだろう。誰もが街角であるいは公園で、小さな台の上に立って表現すれば、そこに居あわせた人々の耳に入るはずである。もっと多くの人に知らせたいと思えば、簡単な印刷機によってビラを印刷して街角で配布すれば、多くの人々によって読まれたことであろう。誰もが表現の送り手となることができるのだから、表現の自由とはまさに表現することの自由であり、誰かの口を塞いだりすることがないことによって、多元的な言論が流通する「思想の自由市場」が機能するはずであった。その点でこの「市場」は比較的小さなものであったということができるだろう。

　しかし現代社会においてはマスメディアが発展し、高性能な印刷技術により新聞は圧倒的に部数が増え、ラジオ、テレビなど電波を

利用して全国に同じ情報を同時に大量に発信することができるようになった。一般の国民は、自分で見て知っているのではなく、これらのマスメディアから送られてきた表現に触れた結果として知っているのである。マスメディアと同じくらいの大量の情報を送ることは、一般の国民には不可能である。国民はマスメディアによって送られた情報の「受け手」でしかなく、表現の「対等」な「送り手」となる機会は失われてしまったことになる。この状況が何を意味するかというと、マスメディアによって流された情報だけが流通しているということである。情報が氾濫しているように見える現代社会において、氾濫しているのはマスメディアによって選択された情報であって、それが社会に存在するすべての情報ではない。すべてでないだけでなく、一定の方向に偏った情報かもしれない。そうだとすれば、現代社会は多元的な言論の流通する「思想の自由市場」ではないことになる。

そこでこの「思想の自由市場」を再生するために何が必要になるのかという議論になるのである。誰もが表現の「送り手」になることができる社会にあっては、表現の自由は「送り手」の自由であった。しかし現代社会においては、国民は「受け手」である。そうすれば「受け手」の権利を主張することによって、多元的な言論の流通を実現するしかなくなる。この「受け手」の権利のことを「知る権利」という。この「知る権利」が効果的に保障されるにはどうすればよいのかが切実に考えられなければならない。

(2) 報道の自由・取材の自由

国民の多くが情報を得る手段はマスメディアであるから、マスメ

ディアがどれほど自由であるかが「知る権利」のポイントの一つである。マスメディアが政府によって統制されていると、政府に都合のよい情報だけが流通することになる。政府によって都合の悪い情報、政府が忌み嫌う思想が、マスメディアによって国民に知らされる必要がある。マスメディアが情報を発信する自由のことを「報道の自由」といっておくことにする。この報道のためには取材が不可欠となるから、マスメディアによる取材の自由が報道の自由の中に含まれているのでなければならない。

ⅰ) **取材源の秘匿**　取材が成立するためには取材源の秘匿が認められていなければならない。記者が取材して集めた情報について、「誰から聞いた」と問われたら答えなければならないとしたら、誰が記者に情報提供するだろうか。情報提供されなければ報道は不可能となってしまう。

ⅱ) **取材の自由**　また、取材対象に接近すると同時に、情報を得るために取材対象に対して何らかの働きかけが必要となることがあるだろう。これが問題とされたのは沖縄返還時の密約が問題とされた外務省秘密漏洩事件であった。これは毎日新聞社の西山記者が沖縄返還時の密約について、外務省の女性事務官をそそのかして公務員の守秘義務違反を犯させて情報入手したものとして、国家公務員法違反に問われたものである。最高裁判所は「報道機関が公務員に対し根気強く執拗に説得ないし要請を続けることは、それが真に報道の目的からでたものであり、その手段方法が法秩序全体の精神に照らし、相当なものとして社会観念上是認されるものである限りは、実質的に違法性を欠き正当な業務行為というべきである」との一般論を述べたうえで、西山記者の取材について「当初から秘密文

書を入手するための手段として利用する意図で」この女性事務官と肉体関係を持ち、この関係故にこの事務官が記者の「依頼を拒み難い心理状態に陥ったことに乗じて」秘密文書を持ち出させるなどという、取材対象である事務官の「個人としての人格の尊厳を著しく蹂躙した」方法であるから、「法秩序全体の精神に照らし社会観念上、到底是認することのできない不相当なもの」であるとして、正当な取材行為とは認めなかった（最決1978/5/31）。

女性事務官自身が問題にしていない男女間の事柄が、密約を国民の前に明らかにしようという記者の使命感からの取材よりも重視されるというのが、最高裁判所のいう「法秩序全体の精神」であるらしい。

ⅲ）**取材結果の差押**　取材結果を公権力が利用しようとするときに、これを拒否することが取材の自由の内容に含まれるだろうか。博多駅テレビフィルム提出事件において、最高裁判所は「公正な刑事裁判の実現を保障するために、報道機関の取材活動によって得られたものが、証拠として必要と認められるような場合には、取材の自由がある程度の制約を蒙ることとなってもやむを得ない」ものとしたうえで、「これを刑事裁判の証拠として使用することがやむを得ないと認められる場合においても、それによって受ける報道機関の不利益が必要な限度をこえないように配慮されなければならない」と述べた。しかし、本件の場合は、テレビフィルムが証拠として使用されることによって報道機関が蒙る不利益は「将来の取材の自由が妨げられるおそれがあるというにとどまるもの」だから、フィルム提出は受認すべき程度であるとした（最決1969/11/26）。

続いて捜査機関によるテレビ局の取材ビデオテープ押収が争われ

たTBSビデオテープ押収事件において最高裁判所は、当該「ビデオテープは事案の全容を解明して犯罪の成否を判断する上で重要な証拠価値」があるのに対し、放送局の不利益は「ビデオテープの放映が不可能となって報道の機会が奪われるというものでは」なく、「犯罪者の協力により犯行現場を撮影収録した」ようなものを「報道のための取材の自由の一態様として保護しなければならない必要性は疑わしい」と述べた（最決1990/7/9）。

前者の判決は裁判所への提出であり、後者は捜査機関の押収であった。この二つを同種のものと考えることはできない。一応は公正な裁判所が、事実認定に使用する目的でフィルムを提出させたことは裁判において明らかになるけれど、公正であるかどうかは疑わしい捜査機関が押収したビデオテープを何の目的で使用するかは全く不明である。犯罪捜査に必要だという理由で取材を妨害し、報道できなくしてしまうためにビデオテープその他を押収するなど濫用の可能性に注意しなければならない。

iv）**報道と知る権利**　報道の自由や取材の自由が保障されるのは、国民の「知る権利」を実現するからである。取材源の秘匿、取材対象へのアプローチ、取材フィルムの公権力による使用拒否などの問題は、これらが取材の自由の名で保障されていないと多元的な言論の流通する「思想の自由市場」が実現できなくなってしまうことにある。取材源を明らかにしなければならない条件で取材に応じる人は少ないだろう。取材のための違法行為が正当行為とされなければ、有罪の危険を冒してまで取材と報道に使命感をもって取り組むことを記者に期待することは酷かもしれない。取材結果が差し押さえられることを考えれば、最初からそのような可能性のある取材

をしなければよいと考えるようにはならないだろうか。

　いずれにせよ、報道機関はこれらのことが生じそうな報道を控え、無難な情報だけを報道するようになってしまう可能性は高い。これでは表現の自由が保障されている意味がなくなってしまうのである。

　ⅴ）報道の自由＝公共財　報道の自由は個人に保障される表現の自由とは性質が異なる。報道機関が一般の国民には許されない特権が認められるのは、これが「思想の自由市場」実現に貢献するからである。報道機関が逆にある一定の情報を流さない、あるいは特定の角度からしか放送しないということによって、「思想の自由市場」を歪めてしまうことも実は可能なのである。それが報道機関の意図で行われるときに、これを報道の自由の名で正当化することができるかという問題もある。そこで報道機関は、個人の表現の自由には許されない規制を受けることが必要とされることになる。「放送の公平原則」などはこの例である。

　政権交代を意図した放送局が特定の政党だけを特別扱いして報道することによって、有権者を一定の方向に誘導したことが問題となったことがあった。このようなことは報道の自由で許容されることではない。個人の表現の自由は国家の介入を排除することによって実現する「人権」であるが、報道機関の「報道の自由」は、「思想の自由市場」の成立と国民の「知る権利」に奉仕するという理由で認められる「公共財」のようなものである。だから個人に認められない特権があり、国家による規制にも服するのである。

(3) アクセス権

かつてアメリカで、国家の介入なしに「思想の自由市場」が実現できるという考えは「ロマンティック」だと述べられたことがある。表現の「受け手」でしかない国民を、表現の「送り手」として復活させる試みとして「アクセス権」が論じられたのである。それは情報の「送り手」として「第四の権力」とまでいわれる力を持つ報道機関を一定の条件で国民が利用することによって、国民自身が表現の「送り手」として「思想の自由市場」にアクセスすることができることを目指したものである。反論権、意見広告、「読者の欄」利用などが考えられる。

自由民主党の共産党批判意見広告に対し、共産党が反論広告の無料掲載を求めたサンケイ新聞事件において最高裁判所は、反論権は「名誉あるいはプライバシーの保護に資するものがあることも否定し難い」とした上で、反論文の掲載強制は「紙面を割かなければならなくなる等の負担を強いられるのであって、これらの負担が、批判的記事、ことに公的事項に関する批判的記事の掲載をちゅうちょさせ、憲法の保障する表現の自由を間接的に侵す危険につながる」としてこれを認めなかった（最判1987/4/24）。

4 結社の自由

(1) 結社の自由の意義

憲法21条は、集会の自由、表現の自由と並んで、結社の自由を

保障している。これは結社が集会と同様に、人の表現活動に重要な役割を果たすことができるからである。だから結社の自由は、表現活動を行うことを目的として個人が結社することを保障したのであって、株式会社など経済的利益実現を目的とした結社は憲法22条1項の職業選択の自由の保障を受けるかどうかは別として、21条の結社の自由の保障対象ではない。また、個人的な趣味その他の交流のために結成されたものも、この結社の自由ではなく憲法13条の幸福追求権の保護対象と考えた方がよいだろう。労働組合については憲法28条の団結権の問題であり、宗教的結社は憲法20条の保障するところである。

そうすると結社の自由の保障対象となるものは、政治的、思想的結社としての政党等の政治団体が主なものであると考えられるだろう。個人ではなかなか実現できない政治思想を、集団の影響力を利用して政治に反映させようとするのに、政党は有効な役割を果たすことができる。このような政治団体が国民のさまざまな思想や意見をすくい上げる役割を、結社の自由の効果として期待できるのである。

(2) 結社の自由の内容

結社の自由は、個人が集まって団体を結成する自由、既存の団体に個人が参加する自由を保障する。その団体自体が何らかの行動をすることは結社の自由とは関係がない。団体の表現の自由などの問題として考えるべきである。結社する自由であるから、結社からの脱退の自由は含まれるとしても、結社しない自由はここには含まれないと考えられる。加入したくもない結社に加入を強制されること

は、思想良心の自由を侵害すると考えるべきものだからである。

　この結社しない自由の問題として、職業上の強制加入団体が政党に寄付金をする場合に、当該政党を支持しない会員に脱会の自由がないことが挙げられることがある。南九州税理士会事件で最高裁判所は、強制加入団体である税理士会からの会員の脱会の自由が実質的にはないこと、政党などへの寄付行為は「会員各人が市民としての個人的な政治思想、見解、判断等に基づいて自主的に決定すべき事柄である」として、当該団体の多数決で会員に対し寄付を義務付けることはできないとした（最判1996/3/19）。また、弁護士会が国家秘密法案国会提出に反対する総会決議を行うこと（最判1998/3/13）や、司法書士会が大規模災害復興支援寄付金のための特別負担金を徴収したこと（最判2002/4/25）はそれぞれ強制加入団体ではあるが、最高裁判所は問題ありとはしなかった。

　会員の意に添わない決定を行った強制加入団体からの脱退の自由がないことは、結社の自由の内容としての結社しない自由が侵害されているのではなく、当該会員の思想良心の自由が侵害されているのである。A政党を支持しようという団体の決定が、B政党を支持する会員の思想良心の自由を侵害するときには、団体からの個人の自由が問題とされているはずである。

　弁護士会などが強制加入団体であることと結社の自由、ここでは結社しない自由が議論されることがあるが、弁護士という職業に就こうとしたときに、資格を取得したにもかかわらずさらに弁護士会に加入することが条件とされるのは、結社しない自由というよりも職業選択の自由の問題として考えた方がよいように思われる。

(3) 破壊活動防止法と結社の自由

　結社の自由の根本問題は、やはり個人が集まって結社しようとするときに、国家がこれを禁止したり、すでにある結社を解散させたりするところにある。特定の主義を名乗る政党や政治団体の結成を許さないなどがそうである。この点で、破壊活動防止法が結社の自由との関係で最も問題とされなければならないであろう。

　戦後占領下の団体等規制令を引き継ぐ意味をもって制定された破壊活動防止法は、1条で「団体の活動として暴力主義的破壊活動を行った団体に対する必要な規制措置を定める」としながら、2条で「国民の基本的人権に重大な関係を有するものであるから……いやしくもこれを拡張して解釈するようなこと」があってはならないとか、3条1項で「いやしくも権限を逸脱して、思想、信教、集会、結社、表現……日本国憲法の保障する国民の自由と権利を、不当に制限するようなこと」があってはならないとか、同条2項で「いやしくもこれを濫用し、労働組合その他の団体の正当な活動を制限し、又はこれに介入するようなこと」があってはならないなどと、「いやしくも」注意規定を置かざるを得ないものとなっている。そして7条で、公安審査委員会が「継続又は反復して将来さらに団体の活動として暴力主義的破壊活動を行う明らかなおそれがあると認めるに足りる十分な理由があり」集会、集団行動、機関誌発行など5条1項の処分では「そのおそれを有効に除去することができないと認められるときは、当該団体に対して、解散の指定を行うことができる」と定める。

　表向きは暴力的な破壊活動を行うおそれに対応した法律であるこ

とが見て取れるが、団体の主義主張を破壊活動のおそれに曲解して、当該団体を抑圧するために利用されるおそれがなきにしもあらずともいえる。その結果が解散指定であるから、結社の自由に対する最大限の脅威となりうる。

またこの手続は、裁判によって「明白かつさし迫った危険」基準をクリアした場合にのみ認められるのことになるはずであるが、集会や集団行動の禁止などでは有効に除去できないような破壊活動を、ある団体が行う明らかなおそれがあると認めるに足りる十分な理由があり、これが「明白かつさし迫った危険」であるとは、いったいどんな状況をいうのか説明できる人はいるのであろうか。仮にできたとしても、このような破壊活動を規制するのに、自由と権利に配慮しながら最小限規制でなければならないとは、はじめから不可能なことを定めているようなものではないだろうか。やはり、狙いは特定の主義主張をもつ団体を抑圧することにあると疑ってみるべきものであろう。

この団体解散指定手続が実際に行われたのは、オウム真理教に対して、宗教法人法の解散命令に引き続き、公安調査庁長官による解散指定請求によるものだったが、公安審査委員会は請求棄却とした。

5　通信の秘密

（1）信書と通信

憲法21条2項後段は「通信の秘密は、これを侵してはならない」とする。憲法制定時なりのプライバシー保護の規定と理解できる。

おそらくこの時点で通信の内容と考えられていたのは、郵便と電話・電報などの通信手段であろう。前者を信書の秘密、後者を狭義の通信の秘密と分けて考えることが一般的である。

　信書の秘密については、郵便法に検閲禁止（8条）と信書の秘密（9条）の規定がある。この「信書」には、封緘した書状だけでなく開封した書状や葉書も含まれ、また「秘密」には、その内容だけでなく、発信人、宛先住所・氏名も含まれるとした下級審がある（大阪高判1966/2/26）。またここでいう「検閲」は表現の事前抑制である「検閲」とは別概念であり、公権力による通信内容の不当収集・取得をいう。

　通信の秘密については、電気通信事業法に郵便法と同様の規定がある（3条・4条）。

　以前は郵便も電話も公社が独占して事業活動していたが、これらの民営化により他事業者の参入も多数みられる。通信企業の通信の秘密が公権力から護られるのか、個人の通信の秘密が公権力と通信企業から護られるのか、複雑な様相を呈している。「通信の秘密」を考えたときに、これらの民営化がよかったものなのかどうか考えてみる必要はあるだろう。

(2) インターネット通信

　憲法の規定する通信の秘密は、一対一のコミュニケーションが前提となっていたはずである。インターネットの普及により、Eメールの送受信だけでなくライン、SNS、HPへのアクセスなど、通信環境は「公開された私的空間」あるいは「公然性を有する通信」と化している。表現の自由の保護を与えられるべきものではあるが、

公開性・公然性を前提とする通信が、「通信の秘密」の対象であるかどうかは疑わしい。Ｅメールやラインなどのような「閉ざされた公共空間」を、その他のものと区別するのも一方法かもしれない。サイバースペースにおける通信の発展は新しい課題を投げかけている。

6 学問の自由

(1) なぜ学問の自由か

憲法23条は「学問の自由は、これを保障する」と定めている。表現の自由が保障されていることに加えて、学問の自由がこれとは別に規定されていることはどのようなことを意味しているのだろうか。

学問とは真理の探究である。表現の自由が保障されるのは「思想の自由市場」の実現といわれる。この市場に流通した表現により民主的に多数派が形成されたり、個人のアイデンティティが形成されたりすることになるのだが、これらは、真理とは無関係である。学問が追究する真理は、各研究分野において、それぞれの分野における流儀に従って、論証や実験を行い、理論や仮説が正しいことを証明できたときに到達されるのであって、多数決で決定するものではない。だから、学問は政治的多数派である政府その他の権力から距離をとることが望ましいのである。

しかし真理の探究がすべて学問の自由の対象となるのではない。研究者といえども単なる趣味で真理を追究していることもあるだろ

うし、研究者ではない人が研究者の書いた本を読みながら、何が真理かを考えていることもあるだろう。これらには、思想良心の自由、表現の自由、知る権利の保障で足りる。学問の自由は、各学問分野が独自の手続、方法、流儀に則った研究が、政治からの介入と干渉を免れることによって、人類に何らかの利益をもたらすことにつながるから保障されるのである。だから学問の自由は、何らかの不利益をもたらすと考えられるような場合には規制されることが考えられる。たとえば核兵器開発研究、クローン人間研究、その他人類の未来に倫理的害悪をもたらすような研究は、何らかのかたちで規制を受けることになるのである。そしてこの学問の自由が実践される場が大学ということになる。大学内部で、あるいは大学人・研究者の集まりである学会では、一般社会には見られない規律が存在する。学問の自由はこの規律が国家権力からではなく、大学・研究所など研究機関自身において決定されるということに意味がある。ここから大学の自治が引き出されることになる。

(2) 学問の自由の内容

学問の自由は、学問研究活動の自由、研究成果発表の自由、教授の自由を内容とする。

学問研究に対して国家権力が干渉すれば、真理の発見は不可能になる。かつては教会権力が干渉して、天文学などの真理探究が神の摂理によって妨害されたことがあった。戦前の京大瀧川事件や美濃部天皇機関説事件などは、特定の学説を国家権力が排除した例である。

学問研究によって到達した結論は、学会や学術雑誌などで公表さ

れなければ社会に貢献しない。だから、研究成果発表の自由は研究活動の自由に当然付随しているものである。研究活動の結果、公表すれば社会に害悪が生じるような結果が得られた場合に、これを公表しないことは研究成果発表の自由に含まれるだろうか。先述の倫理的害悪ある研究が制約されることがあることからして、これも認められると考えられる。

　学問研究の成果は公表されるだけでなく、大学という場で教授されることによって、次の世代に受け継がれる。この教授の自由は高校以下の下級教育機関においても認められるだろうか。旭川学力テスト事件で最高裁判所は「普通教育の場においても、例えば教師が公権力によって特定の意見のみを教授することを強制されないという意味において、また、子どもの教育が教師と子どもとの直接の人格的接触を通じ、その個性に応じて行われなければならないという本質的要請に照らし、教授の具体的内容及び方法につき、ある程度自由な裁量が認められなければならないという意味においては、一定の範囲における教授の自由が保障されるべきことを肯定できないわけではない」という微妙な言い方をしつつ、児童生徒の批判能力の乏しいこと、教育の機会均等をはかる上での全国的な一定水準の維持確保という要請からすると、「普通教育における教師に完全な教授の自由を認めることは、とうてい許されない」とした（最大判1976/5/21）。大学教員に教授の自由があるのは、大学が自律的な研究教育機関として当然に要求される規律や規制を自ら決定できるからである。下級教育機関である小学校、中学校、高校は教育実践機関であっても学問研究機関ではなく、子どもの発展に資する機関であるから、規律や規制は文部科学省や教育委員会などの政府機関の

もとで行われることになり、結果として、その教授内容も研究者ではない教育者であるところの教師の自由に任されるものではないことになる。

(3) 大学の自治

大学には自治が認められている。ポポロ事件において最高裁判所は、「大学における学問の自由を保障するために、伝統的に大学の自治が認められている」といい、その内容として、研究者の人事の自治、施設と学生の管理の自治を挙げた（最大判1963/5/22）。これに加えて、教育研究における自治、予算管理の自治も挙げられるだろう。

大学の自治の主体は研究者の集合体である学部教授会であるが、施設と学生管理についてはその他の職員も主体となる。学生は大学の講義の受講者、施設の利用者として、自治の客体と考えられているが、部分的に、つまり施設管理については自治主体として認められるべきではないだろうか。

また、ポポロ事件最高裁判決は、警察官が立ち入った学生集会を「実社会の政治的社会的活動に当る行為をする場合には、大学の有する特別の学問の自由は享有」せず、「むしろ公開の集会とみなされるべき」であるから、これに「警察官が立ち入ったことは、大学の学問の自由と自治を犯するものではない」とした。学生団体が、大学の使用許可手続により借用した教室での集会が、学問的なものか否かを警察が判断して介入できるならば、そもそも当の判決自体が認める施設管理の自治が無きものとされてしまう。

警察が大学内に立ち入るには、犯罪捜査のために令状を提示して

入る場合を除いて、大学側の要請ある場合に限られなければならない。公安活動のために、大学の許可無く、警察官が大学構内に立ち入ることなどは以ての外というべきものである。

第9章
自由権-Ⅱ　生き方の自由

1　居住移転職業選択の自由

(1) 居住移転の自由

　憲法22条1項は、「何人も、公共の福祉に反しない限り、居住、移転及び職業選択の自由を有する」と定める。居住、移転と職業選択は、封建社会において荘園に縛り付けられた小作人が荘園内に住み続けなければならなかったため、市民社会の成立以後、都市の労働者確保のために荘園を破壊して、農村から移転し、都市に居住し、職業を選択する自由を得た労働者への小作人の再構成のために必要だったという歴史的背景による。しかし今やこれらの自由は、どこで、何をして暮らすかという生き方を選択する自由ということができる。

　居住の自由は、単にどこに住所を定めるかという自由を意味しているのではない。職場から近いからということである街に居住することもあれば、商売が上手くいきそうだからある街に住んで店を開こうと考える場合もあるだろう。また、住民税が安いとか、子育て支援など福祉の充実度などでどの自治体に住むかを決める場合もあるだろう。どこの政治共同体にも属していない土地というものはこの国にはない。居住地を決めるということは、どこの政治共同体で生きていくかという決定を行うということである。だから、この生

き方の決定は同時に、当該政治共同体の意思決定に参加することを意味する。

この居住の自由は、どこで生きるか、どの政治共同体の運営に参画するかの決定を政府に干渉されないということ、当該政治共同体が居住を拒否することはできないということを意味する。

移転の自由は、同じ政治共同体の中で移転する場合もあるし、異なる政治共同体に移転する場合もある。後者の場合は、政治参画する対象の共同体を変更したことになる。

公共の福祉を実現するために居住が制限されることがある。受刑者が刑務所に拘束されていたり、刑事被告人が住居制限（刑事訴訟法95条）されていたり、夫婦同居義務（民法752条）が課されていたりするのがそれである。

(2) 職業選択の自由

職業選択の自由とは、各人が自ら主体的に職業に就こうとするときに、国家権力による制約を受けないことを意味する。生業を何にするかという生活の根本的ともいえる決定をすることは、人の生き方の選択である。

職業選択の自由はさらにそれを続ける自由がなければ意味がない。選択した職業を継続する自由のことを営業の自由といっている。ただ営業の自由が保障されるということは、あらゆる職業が継続できるように国家が配慮しなければならないということを意味するわけではない。この営業の自由が保障されるのには二つの意味があると考えられる。一つは個人の生き方に関する自由であるということ、いま一つは社会全体の利益に資するということである。前者

の側面からは、個人が選択した職業を遂行することを国家権力が妨げてはいけないという自由権の意味が強調され、後者からは、私的独占など個人の営業の妨げになるものを排除することによって自由な競争を維持し、適正価格を保障するという公序の性格が強調されることになる。ここからは営業の自由が「国家からの自由」であるとともに、不当な独占からの「国家による自由」の側面を持っていると説明することができるだろう。そうなるとたとえば独占禁止法は、自由制限立法ではなく、自由促進立法と理解されることになる。

　職業選択の自由が公共の福祉に反しない限りにおいて保障されるとはどのようなことだろうか。一つは、誰でも選べるようにしておくと消費者や依頼人という他者に思わぬ害悪が生じるような場合に、これを免許制にするとか、距離制限を設けるなどの規制が必要になる場合がある。医師、弁護士、教師などこのような規制は多い。今一つは、大企業が個人の営業を不可能にしてしまうような大規模経済活動を行う可能性があるので、これを制限して営業の自由を実現し、結果として消費者の選択の自由を確保するために行われる規制である。

　小規模小売店舗を同一建物内に多数含む小売市場の開設に知事の許可を要するとしていたことの合憲性が争われた小売商業調整特別措置法事件で、最高裁判所は、憲法が「福祉国家的理想のもとに、社会経済の均衡のとれた調和的発展を企図し」、「経済的劣位に立つ者に対する適切な保護政策を要請している」とし、「国の責務として積極的な社会経済政策の実施を予定しているものということができ、個人の経済活動の自由に関する限り、個人の精神的自由等に関する場合と異なって、右社会経済政策の実施の一手段として、これ

に一定の合理的規制措置を講ずることは、もともと憲法が予定し、かつ、許容」しているものと判断し、精神的自由規制立法と経済的自由規制立法では違憲性審査基準は異なるものとした。そして社会経済分野における法的措置の必要性は立法政策の問題であるとして、裁判所は立法府の裁量的判断を尊重するのが建前であり、「立法府がその裁量権を逸脱し、当該法的規制措置が著しく不合理であることの明白である場合に限って」違憲の判断をすることができるとし、当該法律を「国が社会経済の調和的発展を企図するという観点から中小企業保護政策の一方策としてとった措置である」から一応の合理性を認めることができるので合憲と判断した（最大判1972/11/22）。

　この判決では、社会経済の調和的発展のための積極的な規制と、経済活動からもたらされる弊害の除去・緩和のための消極的な規制の二つが指摘され、このうち前者についてのみ判断基準を示したものであった。後者について最高裁判所は、薬局開設に関する距離制限規定の合憲性が争われた薬事法距離制限事件で、「一般に許可制は、単なる職業活動の内容及び態様に対する規制を超えて、狭義における職業の選択の自由そのものに制約を課するもので、職業の自由に対する強力な制限であるから、その合憲性を肯定しうるためには、原則として、重要な公共の利益のために必要かつ合理的な措置であることを要し、また、それが社会政策ないしは経済政策上の積極的な目的のための措置ではなく、自由な職業活動が社会公共に対してもたらす弊害を防止するための消極的、警察的措置である場合には、許可制に比べて職業の自由に対するよりゆるやかな制限である職業活動の内容及び態様に対する規制によっては右の目的を十分

に達成することができないと認められることを要する」とし、「LRA（less restrictive alternative）基準」（より制限的でない他に選びうる手段があるときは違憲とする）を採用した。そして、薬局適正配置規制は「国民の生命及び健康に対する危険の防止という消極的、警察目的のための規制措置で」あることを明らかにし、この目的のために薬局新規開店を規制して既存の薬局経営を保護する必要はないとして違憲と判断した（最大判1975/4/30）。

最高裁判所は、職業選択の自由規制を消極目的規制と積極目的規制に二分し、前者には「厳格な合理性基準」（あるいは「LRA基準」）を、後者にはゆるやかな基準である「合理性基準」を採用した。この基準の違いは、規制を定めた法律を制定したときに、議会をどれほど信用できるかの違いによると考えられる。消極目的規制の場合は、規制しないと害悪が生じる結果となるのだから、これは規制するのが政府の役割である。しかし、そのような害悪が本当に生じるかどうかは実は分からない。分からないことをいいことに、特定の業界、あるいは業者と結びついた議員あるいは党派がその業界・業者の便宜を図るために、ありもしない害悪をでっち上げて当該業界・業者の利益を図るための規制法律をつくる可能性がある。このような規制法律によって、自らの職業選択や営業を阻害された方としてはたまったものではない。だから裁判所は、このような法律が規制根拠としている害悪が、規制しなければ本当に生じるのかどうかを少しばかり立ち入って審査してみる必要があると考えるのである。これに対して積極目的規制の場合は、何か害悪が生じるからというのではなく、例えば新規参入者を規制することによって既存の業者の営業を保護しておいた方が消費者の選択の余地があって

よいからというような、立法政策上の判断によってなされるのである。この判断をするにあたっての国会の議論があったわけで、その結果として行われた利害調整であるところの規制が合理的であるかどうかの判断だけを裁判所がすることになる。これが規制を二つに分け、異なる審査基準をあてはめることの理由である。公共の福祉による規制とは、積極目的規制のことをいう。害悪が生ずる場合に規制するのは、どの自由にもいえることである。

(3) 移住・国籍離脱の自由

 憲法22条2項は「何人も、外国に移住し、又は国籍を離脱する自由を侵されない」と定める。国内に存在することにより迫害を受ける可能性のある個人が、外国に移住を希望することは理由がある。また、国内で生活困難になった者が、外国に活路を見出すために移住することもあり得ることである。音楽や美術などの芸術活動、学問、スポーツあるいは経済活動などのために海外に生活の拠点を移すこともあるだろう。この場合に、頭脳流出だとか、国内の業界が沈滞するなどの理由をつけて移住を妨害することは正当ではない。

 移住の自由は一時的な海外旅行の自由を含む。一時の旅行のつもりがそのまま移住につながることもあるからであるが、移住するにしても、海外渡航が自由でなければ実現できないからでもある。このことについて、外務大臣が「著しく且つ直接に日本国の利益又は公安を害する行為を行う虞があると認めるに足りる相当の理由がある者」に対する旅券発給を拒否できるという旅券法の規定（13条1項5号）が争われた事件で、最高裁判所は、外国へ一時旅行する

自由も移住の自由に含まれるとしつつ、「公共の福祉のために合理的な制限に服する」として合憲とした（最大判1958/9/10）。人の生き方を決定する自由を「相当の理由」などという曖昧な理由で制限することはできないはずである。厳格な基準で判断されるべきである。戦地やテロ発生地への渡航は国民の生命を守るという政府の責任から、渡航を制限しても「明白かつさし迫った危険」を証明できるだろう。

　国籍離脱の自由は、出生によっては二重国籍になる者、移住の結果として外国の国籍を取得した者などについて、日本から見れば外国人としての生き方を選択する自由である。近代国家が、人種や民族、言語による自然的な結びつきではなく、自由な個人の政治的結びつきであることの当然の帰結としてこの自由が存在する。外国の国籍を取得してその国家の一員となることを制約する理由はほぼ存在しないであろう。しかし、この近代立憲主義の論理から、どこの国にも帰属しないという無国籍となる自由を認めることはできない。

　なお、22条2項には「公共の福祉」の文言がないことに注意を払うべきである。

2　婚姻の自由

(1) 婚姻の成立と維持

　憲法24条1項は「婚姻は、両性の合意のみに基いて成立し、夫婦が同等の権利を有することを基本として相互の協力により、維持されなければならない」と定める。憲法14条があるにもかかわらず、

婚姻という私的な事柄について、あえて別個に夫婦の同等の権利について述べ、相互協力により維持せよとお節介なことをいわなければならなかったのは、戦前のいわゆる「家」制度を否定することによって、虐げられていたといってもよいほどの無権利状態から女性を解放することを目指してのことである。

　夫が「家長」として家族を支配し、長男が家督相続人となり、妻は夫の世話と育児に専念しなければならないような社会を変革する必要があると考えられた。「家」が継がれるものであるから、跡継ぎを生む女性を「嫁」として「家」へ入れ、女性の子どもだけの家族には「婿」を入れるというのが婚姻であった。それも本人が自由にできるものではなかった。これらは今でも「主人」「家内」「本家・別家」「嫁・婿」「○○家・◇◇家結婚式」という言葉が使われるところに名残がある。

　戦後、女性の地位向上のためには、憲法24条がかなりの役割を果たしたといえるだろう。しかし、現代においては、ここでいう「両性の合意」の解釈を以前とは異なる意味に捉える必要がある。「両性」とは女性と男性という意味で理解されることで、「家」制度を否定する役割を果たした1項ではあるが、このままでは性的マイノリティーの存在が無視されている。性的マイノリティーの存在が認識され、彼女ら彼らの婚姻について認めていかなければならないことが気付かれた現代において、この「両性」は「女性と女性」「男性と男性」という意味にもとらえ直す必要がある。ここでいう「女性」や「男性」にはもちろん心の性と身体の性が一致していないトランスジェンダーなども含まれる。

　家族という親密圏をつくるという人間の根本的な生き方の選択

を、性的マイノリティーに対して否定する理由はない。人の生き方が異なれば、それだけ家族の存在も多様なものになっていくはずである。多様な家族を受け容れる懐の深さを、日本国憲法は持っているといってよい。

(2) 個人の尊厳と両性の本質的平等

憲法24条2項は「配偶者の選択、財産権、相続、住居の選定、離婚並びに婚姻及び家族に関するその他の事項に関しては、法律は、個人の尊厳と両性の本質的平等に立脚して制定されなければならない」と定める。立法府が家族に関する法律を制定するときのプログラム規定である。家族に関する規定は主に民法の規律する分野であるが、そこでの「個人の尊厳」と「両性の平等」が求められている。ここでいう「個人の尊厳」は13条前段でいう「個人の尊重」よりも強い意味であり、ボン基本法1条1項にいう「人間の尊厳」に近いと考えるべきであろう。「両性の平等」は先に述べたとおりである。

女性と男性の婚姻年齢差、女性だけの再婚禁止期間、嫡出の推定、夫婦の同姓、かつてあった非嫡出子の相続差別など、日本国憲法施行後においても長期間放置されてきた本条に反すると思われる民法規定は少なくない。これは戦後大幅に改正された、民法の親族・相続に関する規定であるが、その当時は憲法24条に反していると認識されなかったものがあるという、時代の限界によるものであろう。日本国憲法施行後、現代そして将来に至る時代の移り変わりの中で修正されていかなければならない課題である。

なお、夫婦別姓について一言すれば、これは憲法14条「法の下

の平等」と24条「両性の平等」の問題として考えるよりも、憲法13条「個人の尊重」と「幸福追求権」および24条「個人の尊厳」の問題として考えるべきものであろう。それは結婚後もそれまでと同じ姓を名のりたいという一つの生き方が、法律によって否定されているからである。これまで婚姻にあたって姓を変更したのは96パーセントが女性であったとか、性別経済格差や戦前からの固定観念という女性差別的な社会状況からすると間接差別ではないかという理由で平等の問題として考えられてきたのであるが、今後、女性同士、男性同士の婚姻が認められるようになったときに、女性差別という理由は成り立たなくなる。同性の婚姻でどちらかが姓を変更しなければならないとしたら、それはどの性が差別されていることになるのだろうか。結局、結婚しても今までの氏名で生きるという、生き方を尊重するか否かという問題なのである。

第10章
自由権－Ⅲ　財産の自由

1　経済的自由

　22条1項で保障されている職業選択の自由と、29条で保障されている財産権を一括りにして経済的自由と呼ぶことが憲法学の慣わしでもある。

　欧米における近代市民革命から市民社会の成立へという歴史過程の中で発展してきた人権保障のなかで、財産権は重要な位置を占めていた。市民革命の担い手が財産を有するブルジョアジーであったこと、彼らがつくり出そうとした自由で平等な社会は彼らの経済力を自由に行使できる社会であったこと、そしてその社会において経済的自由主義が貫徹していたことから、それは当然の成り行きである。フランス人権宣言は「所有は神聖不可侵の権利であり、何人も適法に確認された公の必要が明白に要求する場合であって、正当かつ事前の補償のもとでなければ奪われることはない（17条）」としていたし、合衆国憲法も「何人も適正な法の手続きによらずに、生命、自由または財産を奪われることはなく、正当な補償なしに、私有財産を公共の用のために徴収されることはない（修正5条）」と定めている。ここで注意すべきは「適法に確認された公の必要」、「適正な法の手続き」、「公共の用」という文言の存在である。それらは各国のBill of Rightsにおいて財産権が立法権を拘束するもの

とは考えられていなかったことを意味する。国民代表議会は財産を保護する役割を果たすべきものとして存在し、国王の権力が財産を侵害するような事態をいかに阻止するかが重要な問題であった。それは市民社会において、行政権による議会の同意のない恣意的な財産侵害からの防波堤として機能することが期待されていたことを意味している。

近代国家にあっては政府の役割は最小限に限定され、治安の維持と国防が主なものであった。政府は市民社会に出てこない方が望ましいとされていた。これは後に「小さな政府」と呼ばれることになる。そして市民社会内部においては、国民相互の関係はお互いの自由に任せておけば「見えざる手」が市場に働き、予定調和に達するという考え方が支配的であった。近代社会においては契約自由の原則が貫徹し、政府による介入は自由の侵害と考えられた。このような国家の役割が限定された近代国家は「夜警国家」とも呼ばれる。

そこから生じる近代国家の問題点は貧困や格差などの経済問題であった。経済的弱者に対する強者による不当な支配は、強力企業の弱小企業に対する不公正な取引、企業のトラスト、カルテルによって消費者が被る不利益、劣悪な労働条件による労働者搾取などのかたちで現れてきた。近代国家のとった方策は、これらの問題を放っておく（自由放任）ということであった。そうすれば「見えざる手」が働いて自動的に調和に達するはずであった。しかし「見えざる手」は存在しなかった。そこで各国で、政府が介入することによる問題解決へ向かったのである。

アメリカ合衆国はニューディール政策により、政府介入によって労働者や消費者を保護しようとしたが、このとき合衆国連邦最高裁

判所はこれらの改革立法を違憲無効と判断してしまった。最高裁判所裁判官の交替により1930年代後半になって判例は変更され、立法府の判断に合憲性を推定することになり、経済的自由に対する制約や労働者保護に関する立法府の判断を尊重するようになった。

ドイツでは、ワイマール憲法が「経済生活の秩序は、すべての人に、人たるに値する生存を保障することをめざす正義の諸原則に適合するものでなければならず、各人の経済的自由は、この限界内においてこれを確保するものとする（151条1項）」と定め、さらに「所有権は憲法により保障される。その内容および限界は、法律によってこれを明らかにする（153条1項）」「所有権は義務を伴う。その行使は同時に公共の福祉に役立つものであるべき（同条3項）」と定めていた。経済的自由に対する制約を、裁判所による違憲審査制の行使において実現していったアメリカ合衆国に対して、ドイツでは直接憲法に明文化することによって実現したといってよい。さらに戦後のボン基本法では「ドイツ連邦共和国は、民主的かつ社会的な共和国である（20条1項）」と宣言し、「所有権には義務が伴う。その行使は、同時に公共の福祉に役立つべき（14条2項）」と定めている。また、イタリア憲法も「私的所有は法律により認められ、保護される。私的所有の社会的機能を確保し、それをすべての人が享受できるようにするために、その取得、享有の方法、制限を法律で定める（42条2項）」と定めている。

日本国憲法における経済的自由規定はドイツ、イタリア流の行き方をとっている。29条は「財産権は、これを侵してはならない（1項）。財産権の内容は、公共の福祉に適合するやうに、法律でこれを定める（2項）」と規定する。また、職業選択について22条は「何

人も、公共の福祉に反しない限り、……職業選択の自由を有する」とする。「公共の福祉」という文言が、日本国憲法では個別的権利規定の中でこれらの経済的自由を保障した項目以外には存在しないことから、経済的自由を規制する立法府の判断は一定程度尊重されることを意味している。

2　財産の自由

(1) 財産権

　日本国憲法では、29条は1項で「財産権は、これを侵してはならない」とし、2項で「財産権の内容は公共の福祉に適合するやうに、法律でこれを定める」としている。法律で定められた財産権の内容が保障されるという意味であれば、1項の存在する意味はなくなってしまう。そこで1項と2項の関係はどのようなものか、そしてここで保障されている財産権とは何かについて考えなければならない。

　財産権は、財産的価値を有する権利をすべて保障しているものと考えられる。債権・物権だけではなく、著作権など無体財産権をも含んでいる。ロック流のプロパティ（個人に固有のもの）概念に従えば、個人の身体という固有のものから生ずるもの、つまり労働から生ずるものもまた個人に固有のものである。したがって、誰のものでもない土地を耕して収穫されたものも個人の所有物となり、これにも財産権が発生する。このようなものは個人の生活財産として憲法上の保護を受ける。29条1項で保障されるのはこのような財

産のことである。

　財産は個人に固有なものだけをいうのではない。資本主義が発展してくると、個人に固有な財産とは量も質も異なった財産があらわれる。法人の財産や投機の対象となるような財産である。このような財産については全てが憲法上の保護を受ける必要はなく、社会全体の利益に従った調整が必要となるものもあるだろう。このようなものについては、公共の福祉に添ったかたちで立法府が内容を定めることにした方が合理的である。それが29条2項の意味と考えられる。

　そうすると、財産権といってもその存在形態はさまざまで、人間の生活に直接かかわるものから、儲けの対象でしかないようなものまである。主体も個人である場合もあれば、法人の場合もある。一口に財産権といっても、立法府が公共の福祉実現のために広い裁量で決定できるものと、最大限に尊重しなければならないものがあると考えておかなければならない。

(2) 財産権規制と違憲審査基準

　財産権を制約する場合に、ある制約が積極目的によるものか消極目的によるものかで合憲性の判断基準に違いがあるといわれる。積極目的規制については「合理性基準」が、消極目的規制については「厳格な合理性基準」が該当するといわれる。

　しかし、最高裁判所は森林法事件でこれとは異なる行き方を示したように思われる。父親から山林を持ち分2分の1ずつの生前贈与を受けた共有者である兄弟のうち、兄が森林の一部を伐採したことから争いとなり、弟が当該山林の分割請求を求めたというものであ

る。ところが森林法186条は持ち分2分の1以下の共有者による分割請求を制限していたため、この条項の合憲性が争点となった。最高裁判所は「共有物分割請求権は、各共有者に現代市民社会における原則的所有形態である単独所有への移行を可能」とするものであり、「共有物がその性質上分割することのできないものでない限り、分割請求権を共有者に否定することは、憲法上、財産権の制限に該当」するとした。そして当該条項の立法目的である「森林の細分化を防止することによって森林経営の安定を図り、ひいては森林の保続培養と森林の生産力の増進を図り、もって国民経済の発展に資すること」は「公共の福祉に合致しないことが明らかであるとはいえない」としたうえで、持ち分価額2分の1以下の共有者に分割請求を否定することは「立法目的との関連において、合理性と必要性のいずれをも肯定することができない」から、同条項を憲法29条2項に反し無効としたのである（最大判1987/4/22）。

この判決は、森林法186条の規制の目的を森林経営の安定、森林の保続培養と生産力の増進、国民経済の発展といった積極目的としながらも厳格に目的の公共性、手段の合理性と必要性を審査している。積極消極規制二分論に関連してこの点を考えてみる。

そもそもなぜ積極目的規制だと審査基準がゆるやかなもので、消極目的規制では厳格なものになるのだろうか。経済的あるいは社会的目的を実現するという目的が、国民の健康などに対する弊害を取り除くという目的よりも重要視されるのは、理屈が逆ではないかと思われるかもしれない。しかしこの批判は、国会という場が誠実に、政治的中立を維持して立法を行うという前提において成立する議論であろうと思われる。というのは、国会を舞台とする政治過程はさ

まざまな集団が自らの利益を求めて論争し、妥協し、最終的には多数者の判断に従って政治決定する場である。この過程において決定された経済的自由の規制には特定の集団の利益を実現しようとしてつくられたものがあると予想することは、政治過程の性質からすれば間違っているとはいえない。そうであるならば、ここで裁判所は、憲法上の権利の擁護者であるだけでなく、特定集団の利益実現に向かった政治過程の結論を公正なものに修正するという役割を担っていると考えることができる。

　この役割を果たすには、裁判所は消極目的規制を、特定の弊害を除去するように見せかけて、実は特定集団の利益保護のためにあるのではないかと疑ってかかる必要がある。だから規制の手段と目的を審査して、合理的関連性のない場合には違憲無効の判断をすることになる。しかし、積極目的規制の場合は、それが特定の業界団体の保護になったとしても、そのことが規制法律に明らかにされており、そのこと自体が国会における利害をめぐる妥協の結果だとすれば、明らかに不合理であると裁判所が判断した場合を除いて国会の判断を尊重するという態度をとることは、ここでの裁判所の役割である政治過程の公正の実現に反することにはならない。職業選択の自由に関しては、前者は薬事法判決にいえることであり、後者は小売商特措法判決にあてはまることである。

　以上のことを前提に森林法判決を考えてみる。本条項の目的は積極目的に分類されるものであり、最後にあげられた「もって国民経済の発展に資する」ことは公共の福祉に合致するが、直接的には「森林経営の安定」を図ることであるから共有者同士の私的利益の保護を調整するためであると考えられる。そうすれば本件は共有物

の分割請求を認めた民法256条1項の問題と考えることができる。財産権の内容は、「公共の福祉に適合」するように法律で定めるのが憲法29条2項の趣旨であるから、「私的利益の保護」を調整する森林法の当該規定は本来の積極目的規制とは質の異なるものである。そのことが裁判所に合理性基準を採用させなかった理由だと考えることは可能であろう。

　結局、経済的自由規制に対する違憲審査の基準は、立法という政治過程をさまざまな集団の利害の調整と妥協の場と考えることによって説明できるということになる。立法過程、さらには民主主義そのものに異なったイメージを持つと、また別の説明になるのかもしれない。しかし現実の日本の政治が利益集団の利害調整の場となっている限り、以上のような説明は十分意味を持っているはずである。

(3) 収用と補償

　29条3項は「私有財産は、正当な補償の下に、これを公共のために用ひることができる」と定める。「公共のために用ひる」権限を公用収用権という。この権限は、例えば土地を道路、市役所、学校、病院などを建設するなど公共機関の使用ために用いる場合に発動されるものである。だから、土地を収用して他の私人に譲渡するなどという場合はあてはまらないことになる。いわゆる農地改革において、不在地主が所有していたのうちを収用して農民に配分した件について、最高裁判所は「公共のために」用いることにあたると判断した（最大判1953/12/23）。ここでは立法府の裁量を広く認めるのが裁判所の判断と思われる。それは、農村の前近代的な不在地

主による土地所有を廃止して、農村に自律した個人をつくり出すという、近代国家実現のために必要な措置であったからである。

さらに所有権行使または利用の制限、すなわち公用制限も、それが実質的に私有財産の収用に値するような場合にはここでいう「用いる」に該当すると考えられている。

私有財産の収用は「正当な補償の下」でのみ可能となるが、どうして補償が必要となるのか、また公用制限の場合に補償を要する制限と補償を要しない単なる財産権規制をどのように区別するかという問題がある。これについては、収用や制限が一部の人のみに強いられる「特別の犠牲」であるかどうかで判断するという考えることができる。道路や空港を建設するために土地を収用する場合に、たまたま建設現場にあたらなかった所有者は土地を収用されず、建設現場にあたった所有者だけが公共のために特別の犠牲を課されたことになる。社会全体で負担すべき犠牲が一定の者だけに課されるのは不公平である。この不公平を埋め合わせるのが補償であると考えられているのである。ということは、すべての人が制限を受けるようなことがらには補償は不要と考えられる。

「正当な補償」とはどのようなものなのかについて完全補償説と相当補償説がある。これは先述の農地改革の際に、強制的に土地を買い上げられた際に支払われた補償額が低額だったことから問題になった。最高裁判所は「正当な補償とは、その当時の経済状態において成立することを考えられる価格に基き、合理的に算出された相当な額をいうのであって、必ずしも常にかかる価格と完全に一致することを要するものでない」として相当補償説の立場に立った。前近代的な土地所有制度を日本国憲法と整合するように修正するため

の土地収用という特別の事情からすると、この判決を、相当補償説をとった先例と考えるわけにはいかない。後に最高裁判所は「完全な補償、すなわち、収用の前後を通じて被収用者の財産価値を等しくならしめるような補償をすべき」（最判1973/10/18）であると述べ、完全補償説をとっている。

この点については、被収用者の財産が生存のために所有するものであるときには完全な補償を、そうではなく企業などが投機のために所有しているようなものには相当な補償をすれば足りるのではないかと思われる。そうでなければ「公共」のための収用が法外なリスクを負うことになるからである。

収用を認める法令に補償規定がない場合の効力について、憲法の要請を満たしていないので違憲とする説と、憲法29条3項による補償請求を認める説がある。憲法はそのような法令を無効とすることまで要求していないと考えられるので、後者の立場をとるべきであろう。ここでも収用が「公共」のためであることを考慮に入れるべきである。

第11章
自由権－Ⅳ　身体の自由

1　奴隷的拘束・意に反する苦役からの自由

　憲法18条は「何人も、いかなる奴隷的拘束も受けない。又、犯罪に因る処罰の場合を除いては、その意に反する苦役に服されない」と定める。

　奴隷的拘束は、拘束されている本人がその状態に満足あるいは納得していたとしても許されない。だから「いかなる」と規定されている。国家により拘束される場合だけでなく、私人間にも直接適用される。

　苦役は、意に反するものが禁止されており、意に反しないものについてはここでは対象外と考えられる。回りから見て苦役としか見えないとしても、本人が自分の意志でがんばっているものを禁止する理由はない。逆に、意に反するものであれば苦痛のレベルが高いかどうかは関係なく、意に反するからこそ苦役であり、禁止されなければならない。

2 適正手続

(1) デュープロセスの内容

憲法31条は「何人も、法律の定める手続によらなければ、その生命若しくは自由を奪はれ、又はその他の刑罰を科せられない」と定める。この規定は適正手続を保障したものだと理解されている。アメリカ合衆国憲法では「適正な法の手続き (due process of law) によらずに、生命、自由又は財産を奪ってはならぬ」という規定の仕方をしている (修正5条・14条)。そしてこの規定は、手続的デュープロセスと同時に実体的デュープロセスをも保障したものと理解されている。

日本国憲法の31条を理解するときに、「手続」という言葉を狭く解すると理解を誤るかもしれない。この「手続」はprocessつまり日本語の「過程」の意味にとるべきであろう。アメリカ合衆国憲法にある「適正な法の手続きdue process of law」と「財産」の用語を使わなかったのは、ニューディール期の労働者保護立法が、資本家の財産を「適正な法の手続き」によらずに奪うものとして違憲判決が下された苦い思い出に基づいているといわれる。だから日本国憲法では「法律の定める手続」といった曖昧な表現にしたうえで、刑事手続についての条文として規定している。

この31条の意味するところは、刑罰を科す手続を定めた法律によることと、その定める手続内容が適正であること、および犯罪と刑罰を定める実体法が存在し、その内容が適正であることが要求さ

れるということである。31条は「適正な手続（あるいは過程）」とは書いていないから、手続が法定されていればよいのだとか、せいぜい手続内容の適正にとどまるなどと解する向きもある。しかし、31条の「手続」をprocessの意味にとれば、そもそも不適切な刑法、例えば軽度の犯罪に重度の刑罰など比例原則に反するようなものを適正な手続法で裁判したとしても、その刑事手続の全過程が適正だとはいえない。そして日本国憲法が適正な過程を求めていることは、33条以下で具体的な適正手続と刑罰実体について定めていることから理解できる。31条が「適正な法の手続（または過程）」と定めなかったから、33条以下でその中身について定める必要があったわけで、31条が手続だけを法律が定めてあればよいと考えてのことではない。31条は33条以下の個別適正過程の総則的規定であり、33条以下で漏れているものについては31条で保障されると考えるのが正しいだろう。

　以上から、31条の内容は、刑罰を科す手続は法律で定められていること、刑罰を科す実体法が定められていること（罪刑法定主義）、手続法と実体法の両方が適正であること、である。それを越えて、アメリカ流の実体的デュープロセス論であるプライバシーの保護、日本流の言い回しでは自己決定権の保障の側面を持っているかどうかは理解の分かれるところかもしれない。「その生命若しくは自由を奪はれ」の部分を「その他の刑罰を科せられない」と切り離して、「自由」に中絶や同性愛といったアメリカ流のプライバシー権を読み込むことが不可能なわけではない。しかし、日本国憲法では13条がプライバシー権など新しい権利を読み込む条文として機能していることからすれば、31条は刑事手続過程について定めた

ものという理解でよいだろう。

(2) 告知と聴聞

　行政手続において31条が問題とされたことがある。韓国向け貨物の密輸を図った者が関税法違反で逮捕され、関税法118条1項により船舶と貨物を没収されたが、没収貨物の中には被告人の所有物ではない第三者の所有物が含まれており、それらの所有者に弁解や防御の機会を与えないで没収することの不当性をが争われた。この第三者所有物没収事件において、最高裁判所は「第三者の所有物を没収する場合において、その没収に関して当該所有者に対し、何ら告知、弁解、防御の機会を与えることなく、その所有権を奪うことは、著しく不合理」であり、「所有物を没収せられる第三者についても、告知、弁解、防御の機会を与えることが必要であって」、これを与えずに「第三者の所有物を没収することは、適正な法律手続によらないで、財産権を侵害する制裁を科す」ことになるとして、憲法29条に加えて31条に違反するとした（最大判1962/11/28）。最高裁判所は31条について適正手続を定めたものと認め、これを行政上の処分において没収などの不利益処分を受ける場合にも適用されるものとしたのである。なおここでいうところの「告知、弁解、防御」の機会を与えることは、「マグナ・カルタ」にまで遡る英米法伝統の「告知・聴聞の権利」といわれるものである。

(3) なぜデュープロセスか

　なぜ適正手続が求められるのだろうか。適正な手続によれば裁判で正しい結論が導き出されるかどうかは分からない。33条以下が

求める、令状主義、拷問禁止、自己負罪拒否特権、自白法則、二重危険禁止などは、正しい結論とは無関係と考えられる。不適正な手続とは憲法の規定の逆を考えてみればよい。令状なしの逮捕、拷問による取調、黙秘権の否定、自白だけの有罪、一度無罪になった者の再審。捜査機関が真実の発見という大義名分で、行き過ぎた捜査取調を行い、容疑者の尊厳を台無しにしながら有罪判決を引き出したとしても、それが真実であるかどうかは疑わしい。真実でなければ冤罪という取り返しのつかない結果となる。仮に真実であったとしても、また真実でなかったとしても同様に、容疑者は人間性を否定されてまるで捜査対象というモノとして扱われたことになる。

　捜査機関という国家権力を行使する者が、適正手続を踏まなくてもよいということになれば、いつ、どこで、何を理由に捜査対象にされてしまうのかでさえ明らかではなくなってしまう。適正手続に反した捜査によって収集した証拠は証拠能力を否定されるとか、適正手続に反した捜査を行ったことが国家賠償請求の対象になるとか、さらには適正手続に反した公務員は責任が追及されるといったことが確立している社会であってこそ、国民は安心して生活を送ることができる。

　個人が尊重され人間として扱われる社会、権力に脅えずに安心して生活できる社会のために、適正手続は保障されていると考えられる。

3 刑事手続に関する原則

(1) 逮捕

　憲法33条は、「何人も、現行犯として逮捕される場合を除いては、権限を有する司法官憲が発し、且つ理由となつてゐる犯罪を明示する令状によらなければ、逮捕されない」と定める。現行犯とは、刑事訴訟法212条1項によれば「現に罪を行い、又は現に罪を行い終つた者」をいう。さらに同条2項で準現行犯を定める。①犯人として追呼されている、②贓物又は明らかに犯罪の用に供したと思われる凶器その他の物を所持している、③身体又は被服に犯罪の顕著な証拠がある、④誰何されて逃走しようとする、者が罪を行い終わってから間がないと明らかに認められる場合に現行犯人とみなすというわけである。現行犯とは犯罪を現に行っている最中とその直後をいう。それは犯罪行為と犯人という人が直結できるからである。犯罪行為を終了してその場を離れた者は、犯罪行為と人が直結しない。それを現行犯とみなすのは困難であると思われる。そこで①から④の条件があるのだが、これらは範囲が広すぎると思われる。また、刑事訴訟法210条は緊急逮捕を認めているが、これはよほど緊急の場合に限定されなければ違憲と判断されるようなものである。

　通常の逮捕は令状逮捕ということになる。司法官憲とは裁判官のことをいう。裁判官は、逮捕に正当な理由がないと判断したときは令状発布を拒否しなければならない。令状には逮捕理由の犯罪が明記されていなければならず、いわゆる一般令状は禁止される。また、

本件での令状を請求するには逮捕の条件がそろわないときに、その条件がそろった別件で令状請求して逮捕し、本件について取調をすること（いわゆる別件逮捕）は許されない。

(2) 抑留・拘禁

憲法34条は「何人も、理由を直ちに告げられ、且つ、直ちに弁護士に依頼する権利を与へられなければ、抑留又は拘禁されない。又、何人も、正当な理由がなければ拘禁されず、要求があれば、その理由は、直ちに本人及びその弁護人の出席する公開の法廷で示されなければならない」と定める。逮捕された者が引きつづき受ける拘束を「抑留・拘禁」という。抑留とは一時的な短時間の拘束をいい、拘禁とは継続的長期にわたる拘束をいう。

抑留・拘禁された者には、すぐにその理由が告げられることと、弁護士に依頼する権利が与えられることが要求されている。アメリカの映画やドラマでの逮捕の場面で、刑事が警察手帳を読み上げて、これから抑留・拘禁される者に保障されている権利を告知することがあるが、この中に必ず弁護士に依頼する権利が含まれている。

理由には、犯罪名だけでなく、いつどこで何をという犯罪事実も含まれなければならない。弁護士を依頼する機会だけでなく、それが権利であることが告げられなければならず、この権利には依頼した弁護士と相談してアドバイスを受ける権利が含まれていると理解すべきである。この接見交通権は、取調中であるという理由で拒否されてはならない。違法な取調を防ぐという弁護士依頼権の目的が損なわれてしまうからである。

拘禁には34条後段がさらなる手続的保護を与えている。正当な

理由とは、拘禁しなければならない理由をいう。抑留に終わらず引きつづき拘束されるには、罪を犯したと疑われるべき相当の理由、証拠隠滅や逃走の虞があるなどの理由が必要である。この理由は拘禁されている者の要求により、公開法廷で示されることとなる。ここで理由が正当ではないと判断された場合は、釈放されなければならない。

不当な抑留・拘禁に関して人身保護法による救済がある。これは英米法のヘビアス・コーパスhabeas corpus（人身保護令状）の手続を倣ったものと考えられる。拘束されている者の申立により、裁判所は拘束している者を拘束されている者とともに出頭させ、救済請求に理由ありと認めるときは釈放の判決を言いわたすものである。34条の規定は、これを導入したものと解すべきであろう。

(3) 捜索・押収

憲法35条1項は「何人も、その住居、書類及び所持品ついて、侵入、捜索及び押収を受けることのない権利は、第三十三条の場合を除いては、正当な理由に基いて発せられ、且つ捜索する場所及び押収する物を明示する令状がなければ、侵されない」と定め、続く2項で「捜索又は押収は、権限を有する司法官憲が発する各別の令状により。これを行ふ」と定めている。住居は他者の侵入を拒否できる私的な空間であるし、書類や所持品にも私的な内容が含まれていることが多い。35条はこのようなプライバシーを侵害し、しかも押収という財産権侵害をする場合に令状を要求するものであり、このような強制手続きが恣意的に行われないように、中立な第三者である裁判官の判断によらなければならないということを意味して

いる。

35条が行政手続におよぶか否かが争われた例として川崎民商事件がある。所得税に関して収税官吏が令状なしで行う立入検査が35条に反するかについて、最高裁判所は、この35条の規定を「主として刑事責任追及の手続における強制について、それが司法権による事前の抑制の下におかれるべきことを保障した趣旨であるが、当該手続が刑事責任追及を目的とするものでないとの理由のみで、その手続における一切の強制が当然に右規定による保障の枠外にあると判断することは相当ではない」と述べながら、問題となった旧所得税法上の検査は「所得税の公平確実な賦課徴収のために必要な資料を収集することを目的とする手続であって、」「刑事責任追及のための資料の取得収集に直接結びつく作用を一般的に有するものと認めるべきことには」ならないから、「あらかじめ裁判官の発する令状によることをその一般的要件としないからといって、」35条に反するものではないとした（最大判1972/11/22）。

行政手続上の調査として犯罪捜査と無関係に行政目的のために行われるものがある。食品衛生確保のための営業場所の臨検、薬局・病院への立入検査、公衆浴場への立入検査などがあるが、これらは職員の正当な権限を有することを証明する身分証を携帯し、求められたときには呈示することになっているだけであり、令状が要求されてはいない。これらの検査は公衆衛生という公共性にかかわるものであり、場所も令状主義が要求されるプライバシーの領域というよりも事業所という公共空間といえるものであり、そもそもそれらの業種の営業とセットで組み込まれている制度でもある。環境基準確保のための立入検査、化学兵器の開発・生産・貯蔵などの禁止を

確保するための検査などもある。これらの衛生、環境、人道といった領域は、憲法35条が令状を要請する領域とは異なるものといえるだろう。

(4) 拷問・残虐な刑罰の禁止

憲法36条は「公務員による拷問及び残虐な刑罰は、絶対にこれを禁止する」と定める。自白が最重要証拠とされてきたため、これを得るために拷問が用いられてきた歴史がある。これは個人の尊重を最大限に侵害する捜査方法であるから、絶対に禁止される。例外はない。

残虐な刑罰とは、肉体的にも精神的にも不必要な苦痛を与えることを内容とする、人道上残酷と認められる刑罰をいう。この禁止も絶対であり、例外は認められない。さらに刑罰の種類だけでなく、犯罪と刑罰が著しく均衡を損なう場合も、残虐な刑罰と考えられる。

36条は合衆国憲法修正8条にいう「残虐で異常な刑罰の禁止」に由来するものである。そのアメリカで死刑が廃止されつつある。死刑は残虐で異常な刑罰だろうか。執行方法が現代的・人道的な見地からすると異常と思われる、火あぶり、磔、ギロチン、釜ゆでによるものは残虐と判断されるが、死刑自体が残虐な刑罰とは考えられていないようである。

(5) 刑事被告人の権利

ⅰ) 公正な裁判など　憲法37条1項は「すべて刑事事件においては、被告人は、公平な裁判所の迅速な公開裁判を受ける権利を有する」と定める。公正な裁判所とは、裁判官の独立が確保され、他

からの影響を排除し、一定の予断のもとにない裁判所のことをいう。個々の事件についての法解釈や事実認定に誤認があったとしても、これを公正でないということはできないだろう。

刑事訴訟法では捜査過程と公判を切断する起訴状一本主義を採ることで裁判官の予断を排除しようとするとともに（刑訴法256条6項）、裁判官の忌避や除斥の制度を置いている（同法20〜23条）のは「公平な裁判所」を実現しようとする表れである。

迅速な裁判を受ける権利とは、刑事被告人という不安定な立場に必要以上に長く留め置くことで被る不利益を免れることをいう。一審で15年間の審理中断があった高田事件で、最高裁判所は「審理の著しい遅延の結果、迅速な裁判をうける被告人の権利が害せられたと認められる異常な事態が生じた場合には」、免訴の判決を言い渡すべきとした（最大判1972/12/20）。日本の刑事裁判は諸外国と比べてかかる時間が相当長いにもかかわらず、以後、この権利が侵害されたことを認めた裁判例はない。

公開裁判については憲法82条でも規定されているが、37条では特に刑事裁判について、公開を権利として認め、専横的な秘密裁判による不公正な判決の排除を確保しようとしている。

ⅱ）証人審問権・弁護人依頼権　同条2項は「刑事被告人は、すべての証人に対して審問する機会を充分に与へられ、又、公費で自己のために強制的手続により証人を求める権利を有する」と定める。前段は、刑事被告人にとって不利な証人に対して反対尋問する権利をいい、反対尋問を受けない証言は「伝聞証拠」として証拠能力が否定されると考えるべきである。後段は被告人に有利な証人を公費で強制的に召喚し、証言してもらう権利をいう。

同条3項は「刑事被告人は、いかなる場合にも、資格を有する弁護人を依頼することができる。被告人が自らこれを依頼することができないときは、国でこれを附する」と定める。これは弁護人依頼権を保障したものであるから、この権利は告知されなければならない。「資格を有する弁護人」とは弁護士のことである。被告人がこのような権利があることを知っているとは限らないから、告知することなしに弁護人抜きで裁判することは許されないと考えるべきである。貧困など理由があって弁護士を依頼できない者に、国選弁護人の制度があることも告知されなければならない。弁護人なしの裁判が許されるとしたら、これらの告知をした上で、被告人自身が自分の置かれた状況を十分理解して、なおかつ依頼権を放棄した場合に限られるであろう。

(6) 自己負罪拒否特権・自白法則

憲法38条1項は「何人も、自己に不利益な供述を強要されない」として、自己負罪拒否特権を保障している。何が自己に不利益な供述になるかの判断は難しいから、氏名、年齢、職業、住所など一般には自己に不利益と思えないものも含めて、完全に黙秘することが認められるだろう。この自己負罪拒否特権は、その行使を困難にしてしまうような状況をつくり出すような取調方法をも禁止していると考えられる。被疑者の思考能力を麻痺させるような麻酔の使用や、睡眠も与えずに長時間にわたって行われる取調などがそれにあたる。嘘発見器（ポリグラフ）の使用も被疑者が十分理解して同意した場合以外は許されない。

先に述べた弁護士依頼権やこの自己負罪拒否特権などは、アメリ

カでは拘置中の取調の際に必ず告知されなければならない。これを「ミランダ告知」というが、日本でも38条などから同様の告知の要請があると考えるべきであろう。

この権利が行政手続にもおよぶことについて、前述の川崎民商事件で、最高裁判所が「純然たる刑事手続においてばかりでなく、それ以外の手続においても、実質上、刑事責任追及のための資料の取得収集に直接結びつく作用を一般的に有する手続には、ひとしく及ぶ」と述べたが、正当であろう（最大判1972/11/22）。

道路交通法は交通事故に関する車両の運転手等に、発生場所、日時、死傷者の数、負傷の程度、損壊した物とその程度など、事故内容の報告を義務付けているが（道交法72条）、この義務と38条1項との関係が問題とされることがある。この報告義務を、自己に不利な供述の強要にはあたらないと解する向きもあるが、このような報告は自己に不利な内容であることは明らかだろう。自動車の運転という重量2トン近い物体を時速60キロで走らせるような危険行為は一般には禁止で、運転免許を受ける場合には、この事故内容報告義務による自己負罪拒否特権の一部放棄を条件とする制度であると理解すべきであろう。自動車運転とは人の生命、身体、財産を容易に奪ってしまう行為であるからこそ、憲法上の権利を制約することが公共の福祉に見合うといえるだろう。

同条2項は「強制、拷問若しくは脅迫による自白又は不当に長く抑留若しくは拘禁された後の自白は、これを証拠とすることができない」と定める。本条でいうような自白は任意に行われたとは言いがたく、状況に耐えかねて虚偽の自白をしてしまう虞が高く、結果的に冤罪を生み出すことになる。このような任意性のない自白を証

拠として認めない原則を「自白法則」という。さらに虚偽の自白をしてしまう虞を越えて、強制、拷問、脅迫、不当に長い抑留・拘禁などといった不当な取調を防ぐためには、このような取調によって入手された自白を証拠から排除することが必要であろう。だから仮に自白に任意性が認められたとしても、本条で挙げる取調方法が行われた場合には、自白を証拠とすることはできないと考えるべきである。

同条3項は「何人も、自己に不利益な唯一の証拠が本人の自白である場合には、有罪とされ、又は刑罰を科せられない」とする。取調に問題がなく、自白の任意性にも問題がなくても、自白だけで有罪とすることはできないとする原則を「補強法則」という。だからその自白が公判において行われたときは任意性に問題がなく、裁判官がそれを直接判断できるから本条はあてはまらないと考える向きもあるが、被告人が誰かを助けるために、任意で自分が犯人であるという虚偽の自白をする場合もあるだろう。虚偽の自白は任意性を欠く場合だけでなく、任意でも行われる虞があるものである。刑事司法が真実に迫るためには、このような任意の自白を排除しなければならない。刑事訴訟法が「被告人は、公判廷における自白であると否とを問わず、その自白が自己に不利な唯一の証拠である場合には、有罪とされない」（319条2項）としているのは正当である。

(7) 事後法の禁止・二重処罰の禁止

憲法39条は「何人も、実行のときに適法であった行為又は既に無罪とされた行為については、刑事上の責任を問われない。又、同一の犯罪について、重ねて刑事上の責任を問われない」と定めてい

る。本条前段の前半は、事後法の禁止（または刑罰不遡及原則）を定めたものである。これは罪刑法定主義の「法律なければ刑罰なし」という原則の明文化である。法律が何をすれば刑罰が科されるかを明らかにしておくことによって、人はそこに触れない限りで自由に振る舞うことができる。事後法の禁止は自由主義を支える原則でもある。

　前段の後半は一事不再理の原則（確定判決は変更されない）を定め、後段は二重危険禁止の原則（同一の行為に対して重ねて刑事手続にかけられることはない）を定めているとされることが多い。それぞれ大陸法と英米法の法原則であるが、これらを区別して考える利益は少ないかもしれない。31条を英米法流のデュープロセス条項として理解するならば、これらも二重危険禁止の原則と考えるのが妥当であろう。そうだとすればアメリカのように、下級審の無罪判決に対して検察が上訴することはできないと理解すべきではないだろうか。日本の裁判では、訴訟手続開始から訴訟終了までを一つの継続する「危険」ととらえて、判決が確定しないうちは危険が終了しないから検察官上訴は許されるとしているが、これは違憲と考えるべきであろう。

第12章
社会権

1 生存権

(1) 社会権総論としての25条

　憲法25条1項は「すべて国民は、健康で文化的な最低限度の生活を営む権利を有する」と定め、2項で「国は、すべての生活部面について、社会福祉、社会保障及び公衆衛生の向上及び増進に努めなめればならない」としている。これが生存権規定といわれるものである。この規定は、マッカーサー草案にも政府草案にもなく、衆議院での憲法審議中に提案されたものである。この規定から28条までの、教育を受ける権利、勤労権、労働基本権は社会権の規定と理解されている。そして25条が社会権の基本原理として、以下の権利の解釈基準としての役割を担っているといってもよいだろう。

　人間はそもそも平等な存在ではない。法が個人を平等に扱っても、個人の資質や、努力、才能、生まれた家庭により、さらには人生の偶然により様々な不平等の中に放り込まれて生きている。市民革命は、王侯貴族を廃止し、自由で平等な個人からなる社会をつくり出したかに見えたが、そこに存在している個人は平等な存在ではあり得ないから、自由を謳歌できる者と、自由を剥奪される者とに分かれてしまうこととなった。そこから生み出されるのは貧困である。自由な活動の結果は様々に差として現れる。この差を受け容れ

て明日の成功を夢見て過ごすのが自由な社会というものであろう。

　ところがその差は成功を夢見て努力しても埋まらない。人生のスタートからして不平等である人間の存在は、個人の努力などでは如何ともし難い。それが極端な貧困と失業というかたちで現れたのが近代社会であった。契約自由の原則が、雇用契約では一方の自由ともう一方の不自由を内容とするものとなり、不自由な方の犠牲により自由な方の利益が上がるという自由な社会とはかけ離れた状況となった。自由社会そのものが生み出した不自由を修正するために、犠牲を課した方から犠牲になった方へと富の再分配が必要だと考えられるようになった。それが累進課税と社会保障の組合せである。市民革命後の資本家は、労働者に長時間低賃金労働を強いることにより利潤の最大化を図った。資本家の富は、本来ならば賃金として労働者に支払うべきものまで自分のものにした結果である。そうであるとすれば、資本家が高い税金を支払って、それを労働者の生活に利用することは当然のことである。労働者の側から見れば、政府に対して社会保障その他の施策を求めることは当然の権利として理解される。

　しかし自由主義社会は重要かつ有用である。競争に勝ちたいという人間の欲望が、社会の発展に資するところはいくらでもある。科学技術の発展による豊かな生活があるのも、この競争と欲望の結果でもある。そうすると努力した者、資質に恵まれた者が手に入れた富と、そうでない者が手に入れることができなかった富を、平等に再配分することは正義に反することになるだろう。もしあらゆる人が同じ結果しか得られないとすれば、そんな社会で自分の資質を活かしたり努力したりする者は極めて少数となり、社会の停滞を招く

ことになる。そこで、どれほどの富を、どのようなかたちで、どれくらい再配分するかが重要な問題となるだろう。近代国家において「あんまりだ」と思われるような状況を打破することが目標になった。それを憲法は「健康で文化的な最低限度の生活」を営むことのできるような程度と規範化したのである。

25条に代表されるようないわゆる社会権規定は、本来は立法政策に任せられるべきものだろう。しかし、憲法がこれらを規範として置いたということは、立法政策の判断に裁判所の審査権が及ぶことを意味する。社会権が、政府に対する請求権という性格を持つならば、政府にどのような請求をどれくらいできるかを裁判所が審査できるのだろうか。できるとして、裁判所の審査はどこまで立法権を拘束できるのだろうか。

(2) 25条の法的性格

憲法25条1項のいう「健康で文化的な最低限度の生活を営む権利」とは何かについて、いくつかの考え方がある。まず、プログラム規定説と呼ばれる考え方がある。食糧管理法事件で最高裁は「すべての国民が健康で文化的な最低限度の生活を営み得るよう国政を運営すべきことを国家の責務として宣言した」にとどまり、「直接に個々の国民は、国家に対して具体的、現実的にかかる権利を有するものではない」とした（最大判1948/9/29）。これがリーディングケースとなったわけであるが、この事件は、ヤミ米を購入し運搬したことが旧食糧管理法違反に問われたものを、配給米だけでは生命を維持できないからヤミ米の購入運搬を罰することは25条に反すると争ったもので、社会保障の基準を争ったものではないから、

同条の法的性格のリーディングケースとしてふさわしいものではなかったと思われる。しかし、この判決がいうプログラム規定としての考え方により、25条は法的権利ではなく、国家の努力目標設定であるとされることになった。

これを克服する試みとして、抽象的権利説がある。25条を法的権利、つまり当該権利が侵害された場合にこの是正を裁判所に訴えでることができると理解するものである。しかし、25条1項の規定は抽象的であるから、これを具体化する法律が存在することが大事であり、この法律に基づいて訴訟ができ、そこで25条1項を援用できると考えたわけである。そうすれば、例えば何らかの社会保障給付が少ないときに、根拠法律だけでなく25条1項の問題として考えることができ、さらに当該法律が25条1項を満たさないという判断も裁判所はできることとなる。しかし、この抽象的権利説では、25条を具体化した法律がない場合には訴訟ができない。25条の権利性をさらに具体化する試みが、次の具体的権利説である。

これは25条を具体化する法律がある特定分野に存在しない場合に、つまり国会が25条を実現する義務を怠っているときに、立法不作為の違憲確認訴訟ができるというものである。25条を根拠に訴訟ができることをもって具体的といっているのだが、その名称ほどに具体的な救済が行われるわけではない。違憲確認訴訟を提起して、判決により違憲と確認された場合、国会はこの訴訟の理由となった立法不作為を解決するために法律を制定することになるであろうが、これもまた立法府の裁量に委されているといってよい。法案提出から、審議、議決までどれくらいの時間がかかるだろうか。その間、違憲確認訴訟を提起した者は待たされることになる。法律

がないから救済されないことを理由に違憲確認訴訟を提起しても、具体的な救済には時間がかかるということになる。

裁判所が25条の実現に果たす役割は、これらの学説を越えて、法律が存在しない場合にも「健康で文化的な最低限度の生活」を確定し、25条だけから直接に何らかの給付を認めることなのかもしれない。しかし、裁判所にその役割を果たさせる前に、国会が25条2項の「努力」をいかにするかということに、25条1項の実現がかかっていると思われるのである。

(3) 生存権裁判

生活保護法に基づいて厚生大臣が定める生活扶助の基準が、25条でいう「健康で文化的な最低限度の生活」を営むことのできる水準でないことが争われた朝日訴訟が、25条の意義と日本国憲法のいう個人の尊重が課題となった、まさに人間裁判と呼ばれる裁判であった。

朝日茂氏は結核療養のため、長期間岡山県津山市の結核療養所に入院していた。生活扶助費は月額600円、医療扶助は現物給付であった。1956年に兄が宮崎に生存していることが分かり、この兄から月1500円を送金してもらえることとなった。津山市社会福祉事務所長は朝日氏に対する保護変更処分を行い、生活扶助費は廃止、医療費は月900円を徴収することとした。これに対して朝日氏が25条を根拠に訴え出たものである。1ヶ月600円で暮らせという厚生大臣の定めた生活保護基準は、「健康で文化的な最低限度の生活」を満たすものであろうか。

一審判決で東京地方裁判所は、生活保護法8条2項のいう「最低

限度の生活」および3条のいう「健康で文化的な生活水準」とは、「人間に値する生存、あるいは人間としての生活と言い得るものを可能ならしめる程度のもの」でなければならないのであって、その水準は絶えず変化するとしても、「人間としての生活の最低限度という一線を有する以上理論的には特定の国における特定の時においては一応客観的に決定すべきもの」であるとし、厚生大臣の定めた基準を違法とした。予算との関係でも、「最低限度の水準は決して予算の有無によって決定されるものではなく、むしろこれを指導支配すべきもの」と述べた（東京地判1960/10/19）。控訴審である東京高等裁判所は、最低限度の生活水準を多数の不確定要素を綜合して考えなければならないとした上で、当該保護基準を「すこぶる低調」ではあるが違法とまでは断定できないとして、一審判決を取り消した（東京高判1963/11/4）。

　上告審は朝日氏死亡のため終了判決となったが、最高裁判所は、傍論において「すべての国民が健康で文化的な最低限度の生活を営み得るように国政を運営すべきことを国の責務として宣言したにとどまり、直接個々の国民に対して具体的権利を賦与したものではない。」「健康で文化的な最低限度の生活なるものは、抽象的な相対的概念であり、その具体的内容は、文化の発達、国民経済の進展に伴って向上するのはもとより、多数の不確定的要素を綜合考量してはじめて決定できるものである。したがって、何が健康で文化的な最低限度の生活であるかの認定判断は、いちおう、厚生大臣の合目的的な裁量に委されており、その判断は、当不当の問題として政府の政治責任が問われることはあっても、直ちに違法の問題を生ずることはない。ただ、現実の生活条件を無視して著しく低い基準を

設定する等憲法および生活保護法の趣旨・目的に反し、法律によって与えられた裁量権の限界をこえた場合または裁量権を濫用した場合には、違法な行為として司法審査の対象となることをまぬかれない」と述べた（最大判1967/5/24）。この判決では、前半でプログラム規定説に立つようなことを述べているが、最後の方は抽象的権利説に立っていることに注意が必要だろう。

　国民年金法に基づく障害福祉年金と、児童扶養手当法に基づく児童扶養手当の受給が、児童福祉手当法4条3項3号の併給禁止規定に該当するために、児童扶養手当の受給資格を欠くとされたことの違憲性が争われた堀木訴訟でも、最高裁判所は憲法25条1項の「健康で文化的な最低限度の生活」とは、「きわめて抽象的・相対的概念であって、その具体的内容は、その時々における文化の発達の程度、経済的・社会的条件、一般的な国民生活の状況等との相関関係において判断決定されるべきものである」と同時に、これを現実の立法として具体化する際には「国の財政事情を無視することができず、また、多方面にわたる複雑多様な、しかも高度の専門技術的な考察とそれに基づいた政策的判断を必要とするものである」ので、「憲法25条の規定の趣旨にこたえて具体的にどのような立法措置を講ずるかの選択決定は、立法府の広い裁量にゆだねられており、それが著しく合理性を欠き明らかに裁量の逸脱・濫用と見ざるをえないような場合を除き、裁判所が審査判断するのに適しない事柄である」として、併給禁止についても立法裁量の範囲内にあり、憲法違反にはならないと判断した（最大判1982/7/7）。

　朝日・堀木両訴訟における最高裁判所の判断は、憲法25条と照らし合わせたときの立法府や行政府の裁量の範囲を広くとりすぎて

いると思われる。この裁量権を狭めることによって、裁判所が違憲判断に踏み込むことが必要ではないだろうか。

(4) 25条の課題

堀木訴訟控訴審では、大阪高等裁判所は25条1項を「救貧施策」、2項を「防貧施策」と理解する「1項2項分離論」を展開した。この理論は、2項が、国民が貧窮状態に陥らないために、事前に防貧的施策を積極的になすべき努力義務を政府に課したものであるとし、このような防貧施策にもかかわらず「なお落ちこぼれた者に対し」、1項が、政府は「事後的、補足的且つ個別的な救貧施策をなすべき責務のあることを」宣言したものと解する（大阪高判1975/11/10）。このため1項に基づいて行われる施策については、健康で文化的な最低限度の生活水準という基準を満たしているかどうかについて厳格に審査されることになるが、2項による施策は「健康で文化的な最低限度という絶対的な生活水準を確保するに足りるものである必要はない」ことになる。児童扶養手当は2項による施策のため、併給禁止規定も1項とは関係のないものであり、立法府の裁量に任され、併給が禁止されたとしても、裁量権の著しい逸脱、濫用は認められないことになる。

この「1項2項分離論」は、1項の救貧政策についての立法府の裁量を狭めて、違憲審査を厳格に行うことにより最低限度の生活を実現しようとするもので、この点で意欲的な理論ではある。しかし、救貧施策を公的扶助にのみ求めているようで、これでは障害福祉年金、児童扶養手当、老齢年金など防貧施策と理解されたもので最低限度の生活が実現できない場合は、すべて生活保護で扱うことにな

る。さらに防貧施策が立法府の広い裁量に委ねられるとすると、結局「1項2項分離論」は、国の責任を免除する役割を果たすことになるのではないだろうか。障害福祉年金や児童福祉手当も救貧施策として機能する場合もあるだろうし、そもそも1項を救貧施策、2項を防貧施策と分けることは、25条の文言から可能なのだろうか。1項は「すべて国民は……権利を有する」と明確に述べていることから権利規定であることは容易に理解され得るが、2項は「国は……努めなければならない」と述べている。これは国家の理念あるいは努力目標規定というべきもので、このようなものをプログラム規定という。ここから権利を導き出して防貧施策の根拠とするのは無理がある。

　堀木訴訟では、25条と14条「法の下の平等」との関係についての論点も示された。障害者福祉年金受給者という一定の者を児童扶養手当の受給資格から排除することが、14条違反になるのではないかということである。最高裁判所はこれを合理的であるとして14条違反の主張を退けたが、下級審ではこれを採用したことがある。国民年金法の定める老齢福祉年金について、夫婦受給者を単身者よりも低額とする夫婦受給制限が争われた牧野訴訟では、東京地方裁判所が「老齢者が夫婦であるという社会的身分により経済関係のうえで差別的取扱いをするものであるから、当該差別が合理的であると認められない限り無効である」との枠組みを示したうえで、夫婦受給制限規定を違憲無効とした（東京地判1968/7/15）。

　25条の問題に14条の平等原則を持ち込むのは、25条を具体化した法律によって定められた何らかの給付が行われている場合に、その給付の状態を標準と考えて、政府がこの給付を削減したり、奪っ

たりした場合に憲法違反と判断しようという考え方があるからである。例えば表現の自由は、政府が何もしないでいる状態が標準であり、政府が特定の表現を規制するなどの介入をすれば憲法違反ではないかという問題が生じる。25条では、現に行われている給付が、障害福祉年金受給者、あるいは夫婦である者には与えられない、あるいは減額されるなどの介入を受けることになれば憲法違反が疑われる。この考え方は生存権の「自由権的効果」といわれる。

　秋田生活保護費貯金訴訟では、生活保護費を受給していた老夫婦が、持病をもつ夫の将来の入院看護に備えてその一部を81万円ほど貯金していたところ、福祉事務所がその貯金をこの夫婦の資産と認定して行われた生活保護費減額処分が争われた。秋田地方裁判所は、「収入認定を受けた収入と支給された保護費は、国が憲法、生活保護法に基づき、健康で文化的な最低限度の生活を維持するために被保護者に保有を許したものであって、こうしたものを源資とする預貯金は、被保護者が最低限度の生活を下回る生活をすることにより蓄えたものということになるから、本来、被保護者の現在の生活を、生活保護法により保障される最低限度の生活水準にまで回復させるためにこそ使用されるべきもの」であり、収入認定して保護費を減額することになじまない性質のものであると判断した。そしてこの預貯金の「目的が、健康で文化的な最低限度の生活の保障、自立更正という生活保護費の支給の目的ないし趣旨に反するようなものでないと認められ、かつ、国民一般の感情からして保有させることに違和感を覚える程度の高額な預貯金でない限りは、これを、収入認定せず、被保護者に保有させることが相当」であるとした（秋田地判1993/4/23）。

生活保護法8条2項は、保護の基準を「最低限度の生活の需要を満たすに十分なものであって、且つ、これをこえないものでなければならない」とする。この点からすれば預貯金をする余裕はないはずで、預貯金は最低限度の生活をこえるものと解されかねない。しかし本件の原告は、高齢かつ持病をもっており、将来への不安から「最低限度の生活」をさらに削ってまでして貯金していた。一匹のめざしを夫婦で半分ずつ食するという生活を想像してみれば、そこまでして蓄えた貯金を収入認定することは法の趣旨とはいえないと思われる。

25条の「自由権的効果」が認められれば、この秋田の事例は政府の不当な権利剥奪と判断できる。さらに13条の「個人の尊重」原理の問題とも考えられる。そこでは個人の自律性が尊重され、自らの生活を自分で決定していくということが何よりも重要になる。生活扶助費の使い方についても、それが生活に関わるものであれば、貯金するなど自由に処分することが認められることになるはずである。このように考えていくことによって、25条に関する裁判において、政府の裁量を狭め、厳格な基準が採用されることにつながると思われる。

しかし、いかなる法律をつくるかは、結局は立法府の問題である。裁判所が立法府の裁量を広く認めている現在において、25条を実現する主たる役割は国会に割り当てられていると考えてよい。議会制民主主義というシステムの中で、国民の社会保障に対する関心が国会の決定に反映することが期待される。そのためには国民の生存権、権利、ひいては憲法に対する意識が高まることが重要であり、国民がいかに国政を自分のものとして理解できるかにかかって

いるといえるだろう。

2 教育を受ける権利

(1) なぜ教育か―公教育の必要「能力に応じて、等しく」

　憲法26条1項は「すべて国民は、法律の定めるところにより、その能力に応じて、ひとしく教育を受ける権利を有する」と定める。人間は教育を受けることにより、発展成長するものであろう。教育なしには真の人間とは成り得ない。国民は発展成長し、自律した個人となるために、教育を受けることを権利として国に要求することができる。

　近代国家成立時には、教育はブルジョワだけが受けることのできるものであった。ブルジョワの子弟は教会などが設立した私立学校で学び、労働者や農民の子どもたちは学校というものとは無縁であった。その結果、字も読めない子どもたちの人生は搾取される存在として生きることとなった。財産もなければ教養もない貧困者が有権者となり得ないのは当然の結果である。労働者や農民が搾取されず、自律した生活を送るためには、教育を受けて発展することが必要であった。その上で民主主義社会の一員として、政治的意思決定に参画することが望まれた。

　人生において自律的に生きることができ、教育がないことにより損をしないために、そして、市民として民主的政治過程に参入するために、教育を受けることが必要なのである。これが私立学校に限られていれば、親の持っている財産に教育が左右されることにな

る。そこで経済的に裕福でない家庭であっても、教育が受けられるように公立学校が必要となる。私教育から公教育への発展が、ここに見られることとなる。私教育では、親が自分の価値観に従って子どもを自由に教育することになる。教会の設立した私立学校に通わせてカトリックの教育を施したい親と、政教分離を掲げて公民としての国民を育成するために公教育を行う政府とが対立する図式が、19世紀のフランスなどでは見られた。

　私教育を一定程度否定して公教育が行われるには理由がある。教育は、実は個人が自律した存在へと発展することや、選挙権を行使できる公民になるという、私的利益のために行われるだけではない。国民が教育を受けることにより、社会と国家が発展することが考えられる。数学や理科を教えることにより、将来の科学技術の発展に貢献することができる国民を育てることになる。国語や音楽、美術の教育は文化や芸術方面で活躍する国民を育てることになる。英語など外国語教育は、国際関係での活動に進む国民を育て、社会科教育は民主政治や立憲主義とは何かの理解を深め、民主政治の発展に尽くす国民を育てることになるだろう。教育の普及により、社会全体が豊かなものに発展していく可能性を広げることになる。そのための公教育なのである。各人が自分の価値観に従って教育を行う社会よりも、均一化された教育を国民全員に受けさせる方が、社会全体のことを考えたときによりよい結果となるという確信が公教育を支えているといってよい。

　その教育が、本人の障がいや親の経済力によって、受ける機会に差が生じてはならない。そこで「その能力に応じて、ひとしく」教育が受けられるように、国家は何らかの施策を行わなければならな

い。特別支援学校（学級）を整備することや、奨学金の制度を設けることが国の果たすべき役割となる。教育を受ける子どもは一人ひとり能力も異なるのだから、それぞれに対応した教育が必要となると思われるが、現在のところ学校教育はかなり画一的なのではないだろうか。分からない子を置いていかない教育、分かるのに時間がかかる子には分かるまで教える教育、様々な個人の能力差に対応した教育が望まれる。一学級の人数も生徒の能力に応じて、ひとしく教育を受けられるような規模にすべきだろう。

(2) 教育権をめぐる論争

教科書検定の違憲性を争った家永訴訟は、学会を巻き込んでの教育権論争に発展した。教科書裁判自体は家永三郎氏の執筆による高校日本史の教科書が検定不合格になり、教科書として使用できなくなったことから、教科書検定は憲法21条で禁止されるべき検閲ではないかということが問題となった事件であった。同時に、21条の出版の自由、23条の学問の自由、26条の教育の自由が論点とされた。その中で、「教育権は国民に帰属するのか、それとも国家に帰属するのか」という問題が持ち上がってきたのである。三次にわたって提訴されたこの事件の第二次訴訟東京地方裁判所判決（杉本判決）は、子どもの教育を受ける権利に対応して子どもを教育する責務を担うものは親を中心とした国民全体であると述べて「国民の教育権」の立場を示した（東京地判1970/7/17）。これに対し第一次訴訟東京地方裁判所判決（高津判決）は、福祉国家である現代国家は国民から負託された教育を実施するにあたって責任と権限を有すること、議会制民主主義のもとでは国民の教育意思を反映するの

は法律のみであるから、これに基づいて行われる教育行政が教育内容におよぶことがあること、教育水準の維持・向上、教育の中立性確保の見地から国が教育的配慮を施す必要があること、などと述べて「国家の教育権」の立場を示した（東京地判 1974/7/16）。

この論争に裁判所として一応の決着をつけたのは、旭川学力テスト事件での最高裁判所判決である。ここでは「国民の教育権」説も「国家の教育権」説も、両方とも「極端かつ一方的であり、そのいずれをも全面的に採用することはできないと考える」とされた。親や教師も限られた一定の範囲において教育の自由を有するが、国も「子ども自身の利益の擁護のため、あるいは子どもの成長に対する社会公共の利益と関心にこたえるため、必要かつ相当と認められる範囲において、教育内容についてもこれを決定する権能を有する」とした。その上で「子どもが自由かつ独立の人格として成長することを妨げるような国家的介入、例えば、誤った知識や一方的な観念を子どもに植えつけるような内容の教育を施すことを強制するようなことは」憲法26条、13条の規定から許されないと述べた（最大判 1976/5/21）。

教育権という言葉が、その所在が「国家」であれ「国民」であれ、無批判に使用されているように思われる。教育権というからにはその客体は子どもである。立憲主義の約束として、権利を主張できるのは国民であり、いかなる場合にも国家が憲法上の権利の主体となることはない。また、権利が保障されるのは権利主体である国民が弱者だからである。多数派が形成した政府の権力に対して、少数派が不利にならないように憲法上の権利が保障される。国民の教育権をいうときに、その国民は弱者だから国家が権利侵害してはならな

いという意味だとすると、そこでいう国民は親や教師であるだろうから、彼らは教育を受ける子どもたちにとって見れば強者であり権力側である。強者が弱者に対して権利を行使するという逆説的な状況になってしまう。

　憲法の規律するところは「教育を受ける権利」であり、これを実現するために学校制度を整備し、必要な校舎を建設し、教員を採用することが公権力には求められる。教師は一人ひとりの生徒に対応して教育を施す責務がある。これらは「教育を受ける権利」実現のための憲法上の義務ともいえるものである。親もまた、子どもの教育環境を整え、また教育を受けさせる義務がある。

(3) 義務教育の無償

　憲法26条2項は「すべて国民は、法律の定めるところにより、その保護する子女に普通教育を受けさせる義務を負ふ。義務教育はこれを無償とする」と定める。これを受けて教育基本法5条が義務教育（1項）と公立学校で行われる義務教育では授業料を徴収しないこと（4項）を定めている。

　憲法の文言は義務教育の「無償」であるが、法律では授業料が徴収されないことだけとなっている。授業で使用する教科書代も無償となっている。しかし義務教育を無償とする憲法の趣旨からすると、授業料の無償では不十分と思われる。義務教育にかかるのは、教科書代だけでなく、その他の教材や、キャンプ、修学旅行などの行事、給食、制服などもある。家庭の経済状況によっては手当があるとはいえ、これらにかかる金額は少額ではない。義務教育費用が親の負担となるようでは、子どもの教育を受ける権利実現が充分に

果たされているとは言えないのではないだろうか。

3　勤労権

(1) 勤労の権利と義務
　憲法27条1項は「すべて国民は、勤労の権利を有し、義務を負ふ」と定める。社会権規定の位置にこの規定があることは、ここでいう勤労の権利と義務を国民が実現することができるよう、国家が何らかの施策を行うことが権利として要求されていることを意味する。職業選択の自由と異なって、勤労の権利は生き方を保障したのではない。人はよほどの資産家を別として、勤労することによって生計を立てるのだから、勤労の機会がない場合は生活の危機となる。そこで国家は勤労の権利が実現できるように、政府による職業紹介の制度を設けることになる。それでもなお勤労の機会の得られない者には失業手当が給付される。

　勤労の義務については、働く能力も機会もあるにもかかわらず勤労しない場合には、生活保護や失業給付の対象とはならないという理解がなされてきたが、生活保護制度や失業保険などは、それぞれの立法政策によってそのように定めてあるので、憲法が勤労の義務を定めていることとは無関係である。また、勤労すべき道義的義務を定めていると解するものもあるが、憲法が国民の道義的義務を定めているとは解しがたい。これは国民が勤労の義務を果たすことができないときに、国家がこの義務を果たすことができるよう配慮することを意味すると考えてこそ社会権規定としての存在価値がある。

(2) 勤労条件の法定

同条2項は「賃金、就業時間、休息その他の勤労条件に関する基準は、法律でこれを定める」としている。これを受けて、労働基準法や最低賃金法などの労働者保護法が制定されている。「契約自由の原則」が近代国家の原則であるが、契約の自由などという財産と経済活動にかかわる事柄について、何を決めてもよいという自由は本来想定することができない。29条が財産権の内容を「法律でこれを定める」としているように、27条は勤労条件を「法律でこれを定める」としている。法律で定められた基準が存在し、それに加えてどのような労働条件を定めるかを、当事者は自由に契約することができるのである。

しかし、労働時間は企業と労働組合との協定により例外が認められ（三六協定）、労働時間規制はないにひとしく、最低賃金も最低生活ができないレベルの低いものである。ただ法定されていればよいというわけではなく、社会権規定として25条以下に置かれている意味を立法府は理解すべきであろう。

同条3項は「児童は、これを酷使してはならない」とする。資本主義発達の歴史の中で、児童は安価な労働力として酷使されてきた。児童福祉の理念に立ち、とくに児童の酷使を禁止したものである。もちろん大人は酷使してもよいという意味ではないが、大人には酷使といえない条件であっても、子どもには酷使となることがある。

4　労働基本権

(1) 労働基本権の意義

　憲法28条は「勤労者の団結する権利及び団体交渉その他の団体行動をする権利は、これを保障する」と定める。これらの権利は労働基本権または労働三権と呼ばれる。これは、使用者に対して経済的弱者の立場にある労働者が、使用者と対等の立場に立って労働条件などの交渉を行うことが可能となるように保障されるものである。

　近代自由主義においては、どのような労働条件のもとで働くか、あるいは働かないかは労使の自由な契約のもとで決定されるべきものであった。しかし社会的・経済的弱者である労働者と強者である資本家が個人的に雇用契約を結ぶことは労働者に不利であり、劣悪な条件に甘んじて働くか、契約を結ばずに失業者になるかの選択を労働者に迫るものとなった。そこで弱い立場にある労働者が団結して、団体の力で資本家と対等の立場に立って雇用契約を結ぶことによる労働条件の向上が目指された。しかし、これは資本家の経済的自由に対する侵害と考えられ、抑圧されることとなる。その後、労働運動の高まりの中で、また、福祉国家への転換の中で、労働基本権は認められるようになってきたのである。

(2) 労働基本権の内容

　労働基本権が保障されることにより、労働者が団体を組織し、この労働者団体が使用者と労働条件などについて交渉し、さらに労働

者団体が交渉を有利に進めるためにストライキなどの団体行動を行うということが権利として可能となる。その結果、労働基本権を制約するような契約は無効であり、正当な権利の行使に対して損害賠償などの民事上の責任を負わせることはできず(民事免責)、刑罰も科されない(刑事免責)。また、この権利を行使したことによって不利益を与えられることもない(不当労働行為)。

国は労働基本権を保障するために、積極的に制度を確立しなければならない。それが不十分な場合、労働者はそのような措置を政府に求めることができると考えられるが、裁判所に訴えてこれを実現することまで保障したものではない。

団結権は21条で保障される結社の自由とは直接は関係がない。結社の自由は広い意味での表現の自由の文脈から保障されるものであり、団結権は労働者の生活および地位向上のために保障されるものだからである。精神の自由に分類される結社の自由は、結社する自由と同時に結社しない自由が思想良心の自由の帰結として保障される。しかし団結権については、それが使用者との交渉力を強化することが目的であるから、一定レベルの団結強制が不可欠である。だから、労働者が労働組合の組合員であることを雇用の要件とするユニオン・ショップ制を締結することが認められている。三井倉庫港運事件において最高裁判所は、ユニオン・ショップ協定を結んでいる組合から脱会あるいは除名された労働者が他の組合に加入または新組合を結成した場合に、使用者の解雇義務を定めるというようなかたちでの組合加入強制は、労働者の組合選択の自由および他組合の団結権を侵害すると考えられる場合には許されないと判断している。(最判1989/12/14)。

労働組合には組合員の福祉向上のために組合員に対する統制権を行使することがある。そしてその統制権が労働組合の政治活動におよぶことも考えられる。なぜなら、労働者の福祉と地位の向上は立法など政治過程と関わることが多いからである。そこで組合の政治活動と統制権の限界が問題となることがある。三井美唄労組事件において最高裁判所は、組合の決定に反して市議会議員選挙に立候補した組合員に対して、立候補取りやめを要求したり、従わない場合に処分したりするようなことは憲法15条1項の趣旨に反して許されないとした（最大判1968/12/4）。また、国労広島地本事件では、組合が特定の政党や候補者を支持するために資金を臨時組合費として強制徴収することは、組合員の協力義務の範囲を超えたものとして許されないと判断された（最判1975/11/28）。

　団体交渉権は、労働組合が賃金、労働時間など労働条件について使用者と交渉する権利のことである。組合から団体交渉が求められた場合に、使用者が正当な理由なく交渉を拒むことは不当労働行為となる。

　その他の団体行動権とは、団体交渉を進めるにあたって行うストライキなどの行動をとる権利である。争議権ともいう。ストライキなどの目的は団体交渉を労働者有利に進めることであるから、他の組合が行っている団体交渉の成否がこちらの組合の団体交渉に関わるような場合に、他の組合のストを支援する目的で行われるいわゆる同情ストも許されるだろう。さらに、政治的主張を掲げて行われるいわゆる政治ストが許容されるかどうかについて、使用者が解決できる範囲外の事柄に関する争議権の行使はできないと論じられることもあるが、労働者の地位や生活に関する政治問題は多く、企業、

特に大企業が政治にまったく関与していないというわけではないという今日の資本主義社会のあり方からすれば、政治に関わるということのみを理由に争議権が保障されないと考えるべきではない。

争議権の範囲にある行為としては、同盟罷業(ストライキ)、怠業、ピケが挙げられる。これらが暴力を使用して行われるものであってはならない。しかしこれらに加えて、生産管理までこの範囲のものと解されるかどうかについては、山田鉱業事件で最高裁判所は否定的にとらえた(最大判1950/11/15)。生産管理は企業経営の権能を権利者である使用者の意思を排除して非権利者である労働組合が行うということが、労働基本権の保護の範囲を超えると考えられるのかもしれない。しかし、資本家の財産権と対置して考えられなければならないのは争議権ではなく労働者の生活と福祉である。これらを実現するために労働基本権が保障されている。そして経営者である資本家の意思を制約するという点においては、生産管理もストライキも同じではないだろうか。このように考えると、生産管理は基本的経営方針の変更や生産に無関係な物品の処分というような濫用を行わない限り、労働基本権の範囲内と考えてよいと思われるのである。

(3) 公務員の労働基本権

公務員の労働基本権が制限されていることが問題となる。警察職員、消防職員、海上保安庁職員、監獄職員および自衛隊員はすべての労働基本権を否定され、非現業の公務員は団体交渉権と団体行動権が否定され、現業の公務員は団体行動権を否定されている。これらの制限について、最高裁判所の判決は大きな揺れをみせてきた。

それはおよそ三期に分けることができる。第一期である初期の判例は公共の福祉のために制限を受けるのはやむを得ないこと、公務員が「全体の奉仕者」であることを根拠に簡単に制限を肯定していた。

この流れを止めた全逓東京中郵事件判決（最大判1966/10/26）以降を第二期と考えることができる。この事件は、東京中央郵便局の職員に対し、全逓労働組合の役員が勤務時間内職場大会に参加するよう説得して郵便物の取り扱いをさせなかったということで起訴されたものである。公共企業体等職員の争議権を否定した当時の公労法17条について最高裁判所は次のように述べた。すなわち、公務員も「憲法28条にいう勤労者にほかならない以上、原則的には、その保障を受けるべきもの」とし、憲法15条に基づく「全体の奉仕者」論に立脚して、公務員に対して「労働基本権をすべて否定するようなことは許され」ず、「担当する職務の内容に応じて、私企業における労働者と異なる制約を内包しているにとどまる。」そして、公務員の労働基本権が制約される場合であっても、①「労働基本権を尊重確保する必要と国民生活全体の利益を維持増進する必要とを比較衡量して」「合理性の認められる必要最小限度のものにとどめなければなら」ず、②「職務または業務の性質が公共性の強いものであり、したがってその職務または業務の停廃が国民生活全体の利益を害し、国民生活に重大な障害をもたらすおそれのあるものについて、これを避けるために必要やむを得ない場合について考慮されるべきもので」あり、③「違反者に対して課せられる不利益については、必要な限度をこえないように、十分な配慮がなされなければなら」ず、「とくに、勤労者の争議行為等に対して刑事制裁を科することは、必要やむを得ない場合に限られるべきであり、同盟

罷業、怠業のような単純な不作為を刑罰の対象とするについては、特別に慎重でなければならない」のであって、④「労働基本権を制限することがやむを得ない場合には、これに見合う代償措置が講ぜられなければなら」ず、⑤これらの点は、「すでに制定されている法律を解釈適用するに際しても、十分に考慮されなければならない。」

都教組事件判決（最大判1969/4/2）では、都教組組合員による勤務評定反対のストライキとその煽り行為について、それらを禁止した地方公務員法37条および61条の合憲性が問題になった。最高裁判所は、これらの規定が「すべての地方公務員の一切の争議行為を禁止し、これらの争議行為の遂行を共謀し、そそのかし、あおるなどの行為」をすべて処罰する趣旨と解するのであれば、労働基本権を保障した憲法の趣旨に反し、「必要やむを得ない限度をこえて争議行為を禁止し、かつ必要最小限度にとどめなければならないとの要請を無視し、その限度をこえて刑罰の対象としているものとして」違憲の疑いを免れないものとしたうえで、同法37条の禁止する争議行為を「違法性の強い場合」に限定し、61条の禁止するあおりなどの行為も「争議行為に通常随伴して行われる」ものをこえた場合に限るという、いわゆる「二重の絞り」論によって無罪の結論を引き出した。

これと同日に判決された全司法仙台事件判決（最大判1969/4/2）でも、最高裁は、国家公務員法による争議行為とそのあおり行為の禁止について同様の判断を下したのである。

しかし、これらの公務員の労働基本権に好意的な流れは長続きしなかった。つづく全農林警職法事件判決（最大判1973/4/25）から

第三期に入る。ここでは警職法改正案に反対する運動の中で行われた全農林組合員の争議行為と、これを禁止した国家公務員法の規定について争われた。最高裁判所は、「公務員の地位の特殊性と職務の公共性」を強調して、その「労働基本権に対し必要やむを得ない限度の制限を加えることは、十分合理的な理由がある」とした。その理由として、①公務員の争議行為は「多かれ少なかれ公務の停廃をもたらし、その停廃は勤労者を含めた国民全体の共同利益に重大な影響を及ぼすか、またはその虞がある」こと、②「公務員の給与をはじめ、その他の勤務条件は、」私企業の場合のように労使間の交渉に基づいて決定されるのではなく、「原則として、国民の代表者により構成される国会の制定した法律、予算によって定められる」から、「政府が国会から適法な委任を受けていない事項について、公務員が政府に対し争議行為を行うことは的はずれ」であり、それにもかかわらず争議行為が行われるならば「民主的に行われるべき公務員の勤務条件決定の手続過程を歪曲することともなって、憲法の基本原則である議会制民主主義に背馳し、国会の議決権を侵す」おそれがあること、③「私企業の場合には、一般に使用者はロックアウトをもって争議行為に対抗できるのみならず、労働者の過大な要求は企業そのものの存立を危殆ならしめ、労働者自身の失業を招くことにもなるから、労働者の要求はおのずから制約をうけるし、また、いわゆる市場抑制力が働くが、公務員の場合にはそのような制約はない」こと、④公務員の「労働基本権を制限するにあたっては、これに代わる相応の措置が講じられなければならない」が、これについては法によって「身分、任免、服務、給与その他に関する勤務条件についての周到詳密な規定を設け、さらに中央人事

行政機関として準司法機関的性格をもつ人事院を設けている」ことをあげた。

この判断は岩手学テ事件判決（最大判1976/5/21）、全逓名古屋中郵事件判決（最大判1977/5/4）に引き継がれ、公務員の争議行為禁止は全面的に合憲とする流れの中にある。

全農林警職法事件判決の論理には批判も多い。この判決の主な論理である「勤務条件法定主義」は、国会という民主的政治過程の場は中立公正な場であるという前提がないと成り立たないものであろう。そのような場であるということは、すべての国会議員が「全体の奉仕者」として、利益集団の要求や圧力とは無縁に行動しているということである。しかし現実の政治過程はそのようなイメージとはかけ離れたものである。そうなると、さまざまな利益集団が資金を提供したり、票をとりまとめたりして、その見返りに自らに有利な政治決定を引き出そうとすることと、公務員が経済的、社会的地位の向上を目指して団結し、争議権を行使するのは同じ意味合いをもっていると考えられる。このような利益や便宜、圧力の中で機能する議会制民主主義というイメージからすると、公務員の争議行為が勤務条件法定主義に反するとすることは、特定の階層あるいは利益集団を劣位に扱うことになってしまう。

また、人事院勧告が機能しない場合には、追加補足意見がいうように、公務員が「相当と認められる範囲を逸脱しない手段態様で争議行為にでたとしても、それは、憲法上保障された争議行為」と考えるべきであろう。

これらの公務員の労働基本権制約を正当化した判決が予想もしなかったことであるが、近年の公共サービス部門の民営化によって、

公共と民間の区別は極めて人為的につくられたものであったことが証明された。電信電話公社とNTT、国鉄とJR、専売公社とJT、そして郵便事業の民営化。これらの民営化によって労働者の労務の提供に何か大きな変化があったとは思えない。ところがこれらの職員の争議権制約は民営化とともに消滅した。そもそも28条は「勤労者」の権利を保障しているのであり、そこに公務員という「勤労者」を排除する意図は見えない。逆にいうと、特定サービスの提供に従事している労働者の労働基本権を奪うには、そのサービス事業を公営化して公務員が従事することにしてしまえばよいことになる。それでは28条は国会の裁量の下にあることになってしまう。28条が立法府を拘束し、立法によっていかに労働者の社会的、経済的地位の向上が図られるのかというのが28条の意義だったはずである。

第13章
参政権

1 選挙権と被選挙権

(1) 選挙権の法的性格

　憲法15条1項は「公務員を選定し、及びこれを罷免することは、国民固有の権利である」と定める。この権利を選挙権という。憲法前文が「日本国民は、正当に選挙された国会における代表者を通じて行動し」といい、国家の「権力は国民の代表者がこれを行使」することを宣言していることから、代表制民主主義が採用されたと考えられる。本条は、この代表を選ぶ権利を「国民固有の権利」として保障しているのである。

　この選挙権の性質について、「権利一元説」と「権利・公務二元説」とがある。一元説は、選挙権を自然権としてとらえるものと、選挙人団が国家機関として行使する権利とするものがある。二元説は権利としての性格とともに、公共利益のために積極的に政治問題の解決に参加する市民としての義務としての側面を強調する。自然状態における自己決定権とは性質が異なり、国家の存在しないところに選挙権はないであろうから、この権利を自然権ととらえることはできない。また、憲法自体が「国民固有の権利」という言い方をしており、権利行使しなかった場合について言及していないことから、公務と考えることはできないだろう。従って、選挙人団を構成

する国民個人が個々に行使する国家機関としての機能をもった権利と考えられる。

　公務員を選定する権利といっても、すべての公務員を選挙で選ぶことは現実的ではないし、憲法の意図するところでもないだろう。憲法前文は「代表者」といっていることから、15条でいう公務員は何らかのかたちで国民を代表している者をいうと理解することができる。憲法が定める代表は、国会議員（43条1項）、都道府県知事、都道府県議会議員、市町村長、市町村議会議員、その他の吏員（93条2項）である。

(2) 選挙の原則

　同条3項は「公務員の選挙については、成年者による普通選挙を保障する」とし、4項は「すべて選挙における投票の秘密は、これを侵してはならない。選挙人は、その選択に関し公的にも私的にも責任を問はれない」としている。これらは選挙の原則について述べたものである。これら以外にも、平等選挙、直接選挙、自由選挙などの原則がある。

　i）**普通選挙**　普通選挙とは、所有する財産や納税額を要件としない選挙制度をいう。これらを要件とするものを制限選挙と呼ぶ。歴史的には、近代国家は制限選挙から始まった。一部のブルジョワだけが選挙権を行使することができるのは、近代国家の成立がブルジョワ革命によるものであったことの当然の帰結であった。「教養と財産」を有する一部の国民だけが、国家の意思決定に責任を持って参画できると考えられていたのは当然のことであった。財産を持たないために教養を身につける機会がなく、納税額も極少額で国家

への貢献も少なく、長時間労働に疲弊して国家の政策について考える余裕すらない労働者に、選挙権の行使は不可能と考えられた。しかし、労働者の権利意識の高まりや政治活動への進出とともに、労働者選挙権獲得の気運が高まり、フランスでは1848年2月革命後に男子普通選挙が採用され、イギリスでは1918年第四次選挙法改正で男子普通選挙となった。普通選挙が採用された当初は、女子には選挙権が認められてなかったことは注意が必要である。日本でも男子普通選挙は1925年に認められたが、女子選挙権の実現は第二次世界大戦後の1945年であった。現在、選挙権は18歳以上ということになっているが、これは18歳から「成年者」ということなのだろう。

　ⅱ）**平等選挙**　平等選挙とは、選挙人の選挙権の価値をすべて同等のものとし、差別しない選挙のことをいう。選挙人の納税額などによって等級別に投票を行う等級選挙や、選挙人を一票の者とそれ以上の投票を行う者を認める複数選挙などは認められず、一人一票の形式的な平等が基本である。これは憲法14条からの当然の帰結であり、国会議員については憲法44条但し書きが「人種、信条、性別、社会的身分、門地、教育、財産又は収入によつて差別してはならない」とする。

　問題とされてきたのは、投票価値の平等、つまり選挙区における議員一人あたりの有権者数が平等であるかどうかである。1972年衆議院議員選挙において、約5対1にまで広がった投票価値の不平等を、最高裁判所は、憲法上要請される合理的期間内に是正されなかったとして選挙権の平等に反して違反と判断した（最大判1976/4/14）。しかしいわゆる「事情判決」の法理により、選挙結果

を無効とはしなかった。裁判所は3対1を平等選挙の基準としているように以後の諸判決からは見受けられるが、一人一票の原則からすれば、一人が二票を持たないレベルの2対1未満を合憲判断の限界とすべきだろう。

ⅲ）**直接選挙**　選挙人が直接候補者に投票して選挙する制度を直接選挙という。選挙人が「選挙委員」を選挙し、その選挙委員が公務員を選定するような制度を間接選挙という。現在のアメリカ大統領選挙が間接選挙であるが、初代大統領を選ぶときに、「建国の父」たちが選挙人を信頼していなかったことが背景にあるといわれている。間接選挙そのものが選挙人の判断能力を信頼していないことによって採られる制度といってよい。現在のアメリカ大統領選挙は間接選挙ではあるが、「大統領選挙人」という選挙委員があらかじめどの大統領候補に投票するかが明らかな状況で選挙が行われるので、事実上直接選挙とほぼ変わらない制度となっている。

憲法上地方自治体の長および議会議員の選挙においては、93条2項により直接選挙が要求されている。国会議員の選挙については直接選挙の言及はないが、43条1項の「全国民を代表する選挙された議員」という文言からすると、直接選挙が要求されていると考えられる。

拘束名簿式比例代表制と直接選挙の関係が争われた裁判で、最高裁判所は「投票の結果すなわち選挙人の総意により当選人が決定される点において」直接選挙と異なるところはないと判断した（最大判1999/11/10）。参議院での非拘束名簿式比例代表制についても、直接選挙にあたらないということはできないとした（最大判2004/1/14）。しかし、あらかじめ提出された名簿の席次が、投票後

に、惜敗率などの投票結果ではなく、政党内部で恣意的に変更されるようなことがあれば、これは間接選挙と異ならないことになる。

 iv）**自由選挙**　選挙人がどの候補者に投票する、投票行為を行うあるいは行わないことを自由に選択できる制度を、自由選挙あるいは任意投票制という。15条4項後段が「公的にも私的にも責任を問はれない」としていることが根拠となる。選挙権を権利と理解する立場からは、いかに投票率が低くとも、投票を強制することはできない。放棄することのできない権利は権利とはいえないからである。ただ、投票しない人は自らの選択の結果に甘んじなければならない。政治が自分の思う方向にいかなかったとしても、文句は言えない。どうなってもかまいませんという選択をしたからである。

 選挙権は本来、選挙人が全員行使して共同体の決定に参画することが前提のものであっただろう。選挙権が拡大して普通選挙になれば、共同体がどうなろうと関係ないと思う人も選挙人となることは避けることができない。だから、投票率が50パーセントを切るような場合に、過半数獲得した与党を「全体の四分の一以下の支持しか得ていない」と批判する向きもあるが、共同体の行く末に全く興味がない選挙権放棄者を「全体」の中に読み込む方がおかしい。選挙権を権利と理解し、普通選挙制度を採用した結果として仕方のないことなのである。それでも制限選挙よりはよいというのが現代国家の選択である。

 v）**投票の秘密**　投票の内容が他者に知られるかもしれないとなると、その結果として不当な圧力や不利益が加えられる可能性がでてくる。投票は秘密であることによって、選挙人は自分の意図を政治に反映させることができるのである。民意の反映は各選挙人が自

分の思う投票ができてはじめて実現するものであるから、15条4項前段「投票の秘密」は重要である。

(3) 外国人投票権

選挙権は国民の権利であるから、これを規制するときには厳格な審査基準によって違憲審査が行われなければならない。公職選挙法9条は選挙権を、国政選挙（1項）、地方選挙（2項）とも「日本国民」に保障されたものとする。これが外国人であることが選挙権を行使できない理由になるのだが、外国人といっても日本国内での存在の仕方は多様であり、外国人と一括りにはできない。旅行に来ている外国人は短期滞在外国人である。仕事で日本にある部署に勤務している外国人などは長期滞在外国人といってよい。さらに、生活の基盤が日本国内にあり、もしかしたら帰国することもあるかもしれないが、およその場合はそのまま日本で生活し続けると思われる定住外国人がいる。短期滞在外国人は日本で選挙権を行使する必然性はない。しかし、長期滞在外国人は日本の政策変更などが影響する可能性もあるから、一定期間の滞在を条件に選挙権を行使できてもよいと思われる。また、定住外国人は、日本人と結婚して日本で生活している、難民として移住してきた結果定住している、かつての日本の領土出身で戦後そのまま生活し続けているなど、その生活のありようは日本国民と変わりない。そのような人たちに「日本国民」ではないからという理由で選挙権を否定するのは、「個人の尊重」（13条）とどのように整合するのだろう。日本人の妻と暮らすルーマニア人、難民として祖国から逃れてきたシリア人、「在日」と呼ばれる韓国・朝鮮人など、日本で選挙権を認められないとすれ

ば、どこの国の選挙権も行使できずに生きることを強いられていることになる。外国人に選挙権が認められないのは国民主権だから当然だとの考えもあるが、国民主権とは君主主権を否定する意味合いをもって言われることであって、ここでいう「国民」は国籍保有者ではなく「人民」の意味であろう。「無」選挙権者を生み出すよりは、国内で生活する人なら国籍保有者でなくとも選挙権を行使できるようにすることの方が、「国際人権」の名に値すると思われる。この意味で国民主権原理は相対化されるべきではないだろうか。

(4) 選挙権と立法政策

公職選挙法21条1項によれば、選挙権を有する者であっても、引きつづき三ヶ月以上住民基本台帳に記載されていなければ選挙人名簿に登録されない。国政選挙の場合は新住所での投票ができないこととなり、地方選挙の場合は選挙権がない（9条2項）。選挙の度に住所を移して投票するなどの不正を防ぐための規制といわれるが、選挙権が憲法上の基本的権利であることを考えると、簡単に権利が奪われすぎていると思われる。

選挙権を有していても、実際に投票所で投票することが困難な人のために可能な措置がとられるべきである。重度障がい者、負傷や疾病のため投票所へ行くことのできない人のための「在宅投票制」、海外在住日本人のための「在外投票制」、「船員投票」などが問題となってきた。重度障がい者と特定国外派遣組織、船員、南極調査隊については公職選挙法49条が、海外在住者については49条の2が一部解決を図っている。海外在住者については、先に述べた国内在住外国人選挙権の論理があてはまるとすれば、当該外国で選挙権を

行使できるのであれば、日本の選挙権の行使はせいぜい立法政策の問題というべきものになる。

　公職選挙法11条1項は、成年被後見人、禁固以上の刑の執行が終わるまでの者、公職にある間に収賄などの罪により受けた刑罰の執行が終わりもしくは執行免除を受けた日から5年を経過しない者または執行猶予中の者、選挙、投票、国民審査に関する犯罪で受けた禁固以上の刑の執行猶予中の者に選挙権を否定している。選挙権という基本的な権利を奪うこれらの規定が厳格な審査に耐えられるものなのかは疑わしい。また、公職選挙法252条は同法上の選挙犯罪による選挙権停止について定めるが、これに該当する規定には戸別訪問禁止規定（138条）などそもそも憲法違反ではないかと考えられる規定も多く、これらに反した者から選挙権を奪う252条も合憲性は疑わしい。

(5) 被選挙権

　被選挙権とは、選挙に立候補する権利である。憲法15条には明記されていないが、立候補を必要とせず、選挙人が自由に選出したい人の氏名を記載することができる制度を採っていない限り、これは選挙権と表裏一体の関係にあると理解できるから、15条が保障している権利である。被選挙権にも公職選挙法11条1項と11条の2による規制、さらに10条1項による年齢規制、88条から91条による立候補制限がある。立候補した者が選挙の結果、直接国政を運営する地位に就くことから、このような制限は当然のものと考えられている。選挙権と被選挙権は性質が異なるということになる。

　公職選挙法92条は立候補するにあたって供託金を要し、93条は

一定の得票を得られなかった候補者の供託金を没収することとしている。これらの規定は、貧困な者の立候補する権利を不当に侵害するもので違憲であろう。

(6) 罷免権

憲法15条1項は公務員を罷免する権利をも保障している。これが国会議員のリコールを認めているかどうかは判断が難しい。憲法43条1項が国会議員を「全国民を代表する」ものとしているからである。民意の反映という側面のみからすればリコールも当然認められることになるが、国会議員として選出されたからには「全国民の代表」でもあるという半代表のもとでは、一部の代表ではない、つまり選挙区の代表ではないという意味をクリアできるかたちでのリコール制度が考えられるならば可となるという程度であろう。それよりも、ここでいう罷免は、次の選挙で特定の議員を落選させるということによって保障されると考えるべきであろう。

2 請願権

憲法16条は「何人も、損害の救済、公務員の罷免、法律、命令又は規則の制定、廃止又は改正その他の事項に関し、平穏に請願する権利を有し、かかる請願をしたためにいかなる差別待遇をも受けない」と定める。請願は、歴史的に議会制民主主義が未発達だった時代において、為政者に国民の要望を伝える手段として機能していた。国民主権が確立し、選挙権が保障されている現代では、請願の

意義は薄れたと考えられているが、選挙権を有しない年齢の者や外国人にとっては唯一といってよい参政権であるし、有権者にとっても緊急かつ重要な要望を伝える手段としての意義は決して薄れてはいない。

　請願を行ったことにより不利益を受けることは許されない。請願を実質的に萎縮させるようなことも許されない。だから、政府が個々の署名者の意図を確認したり、説明のために訪問したりということは許されない。

第14章
受益権（国務請求権）

1 裁判を受ける権利

　憲法32条は「何人も、裁判所において裁判をうける権利を奪はれない」と定める。民事、行政、刑事の各事件について、裁判を受けることが保障されている。民事事件においては権利を確保したり、損害賠償を請求したりする手段として裁判を利用することができるし、行政事件においては公的権力の違法な行使を是正したり、適法な行為を要求したり、不当な行為を差止めたりすることができる。刑事事件においては裁判によることなしに刑罰を受けないことを保障され、事実でない嫌疑には無罪判決を受けることができる。

2 国家賠償請求権

　憲法17条は「何人も、公務員の不法行為により、損害を受けたときは、法律の定めるところにより、国又は公共団体に、その賠償を求めることができる」とする。旧憲法下において、国家の権力作用について損害が発生しても法的責任は負わないものとされていた。本条は公務員の権力的作用によって生じた損害を、国または公共団体が公務員に代わって責任を負うことを明らかにしている。しかし、公務員本人に全く責任を問えないというのも正当とは思えな

い。意図的に人権侵害するような権力作用を行ったような場合には、公務員個人に対して賠償請求できると考えるべきである。

　国家賠償法は1条で公権力の行使に当たる公務員の不法行為責任を、2条で公の営造物の設置または管理の瑕疵について無過失賠償責任を、国または公共団体に負わせている。

3　刑事補償請求権

　憲法40条は「何人も、抑留又は拘禁された後、無罪の裁判を受けたときは、法律の定めるところにより、国にその補償を求めることができる」とする。これは抑留・拘禁によって受けた苦痛を償わせるために国に対して行う補償請求権である。捜査機関や裁判所に違法性がなく、公務員に故意または過失がなくても請求できる。捜査担当者や裁判官に違法な行為がある場合には、国家賠償請求権も発生する。

第15章
国会

1 国会の地位

(1) 国権の最高機関

憲法41条は「国会は、国権の最高機関であつて、国の唯一の立法機関である」と定めている。まず、「国権の最高機関」とはどのようなことをいっているのかが問題となる。主権者は国民であるから、国会が主権者という意味ではない。他の機関の命令などに拘束されないということだとすれば、同じことは内閣や裁判所にもあてはまり、それぞれの機関が行政権や司法権における最高機関である。

国政の統括機関であるといういわゆる統括機関説が主張された時期があった。これは旧憲法における天皇のような「統治権の総覧者」が必要だという考えから述べられたものだと思われるが、立法機関として立法権限だけが与えられており、行政権や裁判権は他の機関に委ねられ、しかも立法権を行使した結果が裁判所の違憲審査権の対象となるとすれば、国会が国政を統括する立場に置かれているとはいえない。

これに対して、国政のうちどこの機関に属するか不明なことがらは国会の権限に属するという総合調整機能説が説かれる場合があった。不明なことがらというものがどのようなものなのかが不明であると同時に、憲法自身が73条において「国務を総理すること」を

内閣の事務としていることからすれば、総合調整機能のようなものは内閣の権限と推定できる。

となると、この「国権の最高機関」という文言は、特に法的意味のない政治的美称であるとする政治的美称説に落ち着くことになる。主権者である国民から選挙によって直接選ばれる代表であり、国政の中心的位置を占めることをもって「最高機関」と称したのだと理解されるのである。

(2) 唯一の立法機関

次に「唯一の立法機関」であることは何を意味するかを考えなければならない。「立法」とは法律を制定することではあるが、憲法学の伝統として「形式的意味の法律」と「実質的意味の法律」を区別するのが慣わしである。形式的意味の法律とは、国会が制定した法規範のことをいう。41条のいう「立法」はこの意味ではないはずである。国会は国会がつくる法規範を制定する機関であるというトートロジーにしかならないからである。

実質的意味の法律とは、国民の権利を制限したり、国民を拘束したり、国民に義務を課したりするような一般的抽象的法規範のことをいう。ドイツ国法学でいう「法規」Rechtssatzの概念に対応している。これはプロイセンの立憲君主制において、実質的意味の法律、つまり法規の制定は国会の専権事項であるが、そうでないものは行政権が権限を行使してもよいという、議会と君主の妥協のようなかたちで議論されたものであった。一般的抽象的法規範とは、特定の誰かをその対象として制定される法規範ではなく、とりあえずすべての国民に平等に適用されるものという意味である。これを特定の

具体的な場合に適用するのが行政の役割だとすれば、権力配分の明確化に資するだろう。

国会が「唯一の」立法機関であるとは、実質的意味の法律は国会を通し、国会を中心として制定されるという「国会中心立法原則」と、国会の議決だけで成立するという「国会単独立法原則」のことである。

国会中心立法原則によると、旧憲法下のように緊急勅令や独立命令というような行政権による法規範制定は認められないことになる。行政権に認められるのは憲法自身が想定する「憲法及び法律の規定を実施するため」の執行命令（73条6号）と、法律の委任のある場合の委任命令（同条但書）だけである。両議院の規則制定権（58条2項）と最高裁判所規則制定権（77条1項）は、「国の」法規範ではあるが法律ではなく、特定の国家機関内部の規律として憲法が認めている。地方公共団体の条例制定権（94条）は、条例が特定の地方にのみ通用する規範であることから、「国の」立法ではなく、41条との整合性の問題は生じない。

国会単独立法原則により、法律は、法律案が両議院で可決されればそれだけで成立する（59条1項）。内閣総理大臣や担当大臣の署名も、天皇による公布も、法律の成立要件ではない。「一の地方公共団体のみに適用される特別法」（95条）には住民投票が成立要件となっていることが唯一の例外である。

国会中心・国会単独と言われる割には、内閣による法案提出が通常であり、議員が提案する法律案は議員立法などと呼ばれている。内閣がかかわるのは法案提出という法律案審議の入り口の部分だけであるから国会中心立法原則に反しないとか、成立要件にかかわる

のではないから国会単独立法原則に反しないなどと説明される。しかし、内閣総理大臣や過半数の大臣も国会議員であるとはいえ、国権の最高機関がつくる法律を「誠実に執行」(73条1号) するべき内閣が法律案を提出できるというのは、多数派である行政権に有利な条件を与えすぎではないだろうか。立法のイニシアチブを内閣が握ることになり、多数派に有利な政策が法律のかたちで実行されやすくなると思われる。憲法自身が予算案の提出を憲法に明記し (73条5号)、法律案についてはそのような規定はなく、72条が「議案」という用語を用いていることから、法案提出権は内閣にはなく、議員に限られると理解すべきであろう。

2 代表

憲法43条1項は「両議院は、全国民を代表する選挙された議員でこれを組織する」としている。全国民の代表であることとそれを実現する選挙制度がここで問題となるであろう。

(1) 純粋代表

AがBを代表するとは、Aの行為はBが行為したものとみなされる、あるいはAの意思はBの意思とみなされるということを意味する。ということは国会が国民代表機関であるとは、国会の決定が国民の決定、国会の意思は国民の意思とみなすことができるということである。しかし、この代表の観念は歴史とともに変化してきたものである。

フランス革命時代の1791年憲法は「県において選出された代表者は、個々の県の代表者ではなく、全国民の代表者である。代表者を指令してはならない」としていた。これは三部会と呼ばれた封建的身分制議会が、聖職者・貴族・平民の各代表者からなり、選出母体である集団の命令的委任に従う拘束的代表であったことから、近代議会への転換にあたって、命令的委任を拒否する非拘束的代表であることを明確にしたものである。ここでは君主主権を否定し、ナシオン主権（国民主権）原理がとられていた。このナシオンとは国民の集合体のことをいい、国民個人が意識されていたのではなく観念的なものとされ、それ故に自らは意思決定ができないものと考えられた。そこで現実の意思決定をする代表機関として、議会と国王が位置付けられた。意思決定できないナシオンに代わって決定するのであるから、選挙区から選ばれたとしても、選挙区の有権者の意思を代表するわけではない。ここから当然の結果として命令的委任は否定されることになる。こうして全国民の代表たる議員は、有権者の意思を斟酌することもなく自分の意思に基づいて行動できたし、またそうすべきものであった。このような代表を「純粋代表」と呼ぶ。このような代表観は、市民社会成立期からしばらくの間、制限選挙によるブルジョワ支配を理念的に支えていた。

(2) 半代表

　同じフランス革命時代の1793年憲法は「主権者たる人民は全フランス市民である」とし、男子普通選挙制度が採用されていた。個々のフランス人が主権者であり、従って本来は法律制定など政策決定にはすべての人民が参加する直接民主制がふさわしい。人口と

国土の広さからそれが不可能なので、選挙で代表を選出して人民の意思を代弁させ、代表議会に決定させることによって人民の決定とみなすことにする。当然、一人ひとりの人民が主権者であるから命令委任が前提とされ、人民の意思に従わない議員に対するリコールが制度化される。これをプープル主権（人民主権）という。普通選挙では様々な人民の意思が議会に反映されることになるので、議員は選出母体の意思を誠実に実行する中で同意を目指すことが要求される。このような代表を「半代表」という。

(3) 社会学的意味の代表

実際の選挙を考えると、候補者の選挙公約はいくつかの論点がパッケージ化されているため、すべての公約に賛成でなくても、有権者個人の最も重要と考えることがらを重視して投票対象を選択する。そうすると投票した候補者の公約の中でそれほど大事とは考えていなかったものについて、有権者と候補者の考えが異なることも相当でてくることになり、その限りでは民意は反映されていないことになる。それでもおよそのところで有権者の意思と代表の意思が事実上一致していることを「社会学的意味の代表」ということがある。

憲法43条1項にいう「全国民の代表」とは、二つの意味があるとされる。一つは「一部の国民の代表ではない」ということである。代表は自分が選出された選挙区の住民や自分に投票したであろう社会階級の利益だけを考えて行動してはならない。もう一つは「全国民の意思を反映する議員であるべきだ」ということである。この二つは微妙に矛盾しているが、この矛盾に耐えながら議員として行動

することが代表者には求められている。特に後者の意味を実現するために、選挙制度がどのようなものであるかが問題となる。

3 選挙制度

(1) 小選挙区制

　イギリス流の小選挙区一回投票制は、トーリー党とホイッグ党という二大政党制の伝統から、その組合せが保守党と自由党、保守党と労働党というように変っても、基本的に二大政党制であることが前提で採用されているといってよい。二大政党制ではどこの選挙区でも選択肢はどちらか一方であるから、少なくとも投票の過半数を獲得した候補者が議員になるので、このような場合には合理的な制度である。現在のイギリスが必ずしも二大政党制ではないとすれば、この制度は少数政党の進出を阻むということもできるだろう。

　複数政党制の国家では、小選挙区一回投票制は死票が増えるだけで、民意の反映という観点からいうと不適切である。フランス流の小選挙区二回投票制では、一回目の投票で、過半数の得票者がいればその候補者が当選するが、いない場合は上位二名による二回目の投票へ進む。この二名は、当選するためには一回目で落選した候補に投票した有権者の票が必要であるから、そのために落選した候補者の公約を反映させることによって有権者の獲得を目指す。その結果、より多くの民意が反映される議会が構成されることになる。しかし、当選者が他候補の公約を実現することについてどれだけ信頼できるかどうかは分からず、そうなると有権者は自分の好ましいと

思わない候補者に投票せざるを得ないという結果にもなる。

(2) 比例代表制

比例代表制は各政党の得票に応じて議席を配分する制度で、民意の反映に優れているといわれる。しかし、候補者に投票するのではなく政党に投票することになるので、非拘束名簿式などの工夫がされることがあるが、一般には小選挙区制など他の制度と組み合わせて行われる。

ドイツの小選挙区比例代表併用制は、比例代表制の当選者を小選挙区当選者から選出し、残りを名簿から選出するものである。そうすれば比例代表で政党を選び、現実の議員は小選挙区から選ばれることになる。しかし、小選挙区での当選者は大部分が第一党の候補者であり、結果的に第二党以下はほとんどが名簿からの当選者となる。比例代表制が土台となった制度であるので、民意の反映という点では優れている。

日本の小選挙区比例代表並立制は、小選挙区当選者と比例代表当選者をそれぞれ選出するというものである。小選挙区の方に多くの議員が割り振られていることと、比例代表がブロック制であることから、ブロックによっては比例代表と呼べないような結果を生む場合もある。ドイツの制度と名称は似ているが、民意の反映という点からすると評価は低い。

4　国会議員

(1) 歳費受領権

憲法45条は「衆議院議員の任期は、四年とする。但し、衆議院解散の場合には、その期間満了前に終了する」と、46条は「参議院議員の任期は、六年とし、三年ごとに議員の半数を改選する」と、任期について定める。この期間には、国会議員としていくつかの特権が認められている。

憲法49条は「両議院の議員は、法律の定めるところにより、国庫から相当額の歳費を受ける」としている。これは歳費受領権といわれるが、イギリスのチャーチスト運動の成果だとされている。制限選挙の制限が緩和され、普通選挙へと向かう運動の中で、それまでのブルジョワの名誉職のような無報酬の議員では、無産者階級の代表が議員として活動することができないことから、この歳費受領権が認められるようになった。これによって財産のない者でも議員になることができる道が確保されたのである。

(2) 不逮捕特権

憲法50条は「両議院の議員は、法律の定める場合を除いては、国会の会期中逮捕されず、会期前に逮捕された場合は、その議院の要求があれば、会期中これを釈放しなければならない」とする。例外である「法律の定める場合」については、国会法33条が「各議院の議員は、院外における現行犯罪の場合を除いては、会期中その

院の許諾がなければ逮捕されない」と定めている。この不逮捕特権は、元来は君主の権力から議員の活動を守るためのものであった。君主の権力が制限され、あるいは存在せず、さらには国民主権の下であっても、多数派政府による少数派議員抑圧から当該議員の活動を守るために重要な意味をもっている。

　この特権の意義は、議院の十分な審議を実現するためではなく、多数派政府の陰謀による不当な逮捕権濫用から少数派議員を守り、少数者の意見を議会に反映させることである。したがって院外での現行犯の場合は不当な逮捕のおそれがないと考えられるので、不逮捕特権の例外となっている。議院での審議を確保することが目的であれば、院外での現行犯を例外とはされないはずである。この場合には、逮捕された議員に託された民意は国会に反映されないことになるが、逮捕が正当とされるような行為を行った議員を選出した有権者が責任を負えばよいということである。さらに、院の許諾がある場合も例外であるが、この許諾は不当な逮捕の場合には与えられないはずであり、また、正当な逮捕の場合には許諾が与えられなければならないと解される。この許諾に期限をつけることができるか否かが問題とされる場合がある。許諾を与えないこともできるのだから、期限をつけることもできるはずだとする説もあるが、この特権の意義は不当な逮捕から議員を守ることにあり、議院の十分な審議を確保することではないから、許諾を与えるような正当な逮捕に期限をつけることはできないとすべきである。どれくらいの期間拘留するかなどということは、犯罪捜査のための必要に応じて、検察や裁判所が憲法と刑事訴訟法に従って判断すべきことがらである。

(3) 免責特権

憲法51条は「両議院の議員は、議院で行つた演説、討論、又は評決について、院外で責任を問はれない」と定める。不逮捕特権が会期中に限って議員の活動を確保するものであったが、この免責特権は院外において永久に責任を問われないことになっている。前者が議員の本来の活動ではないことがらを理由に、本来の活動ができなくなることを防止するのに対して、後者は本来の活動の自由を確保しようとするものである。

議院で行った演説、討論、評決が責任を問われないとは、議員の職務活動とそれに付随する行為が責任を問われないという意味であって、気に入らない議員を殴るなどの暴力行為は免責されない。院外で問われないのは、市民法上の責任である民事責任と刑事責任のことをいう。例えば名誉毀損を理由とした損害賠償責任や、名誉毀損罪には問われないということである。議員が所属する政党や組合などにおいて、職務上の行為について責任を問われることがあるが、これなどは免責特権の範囲外のことである。また、次の選挙で落選するなど政治責任を負うことも、免責特権とは無関係である。院内では懲罰などの責任を問われる。憲法58条2項後段は「両議院は、……院内の秩序をみだした議員を懲罰することができる。但し、議員を除名するには、出席議員の三分の二以上の多数による議決を必要とする」と定める。

国会議員の職務活動である演説などによって、一般国民のプライバシーが侵害された場合などには、公務員の職務上の行為として国家賠償法による国家賠償が認められることがある。

5 国会の活動

(1) 二院制

憲法42条は「国会は、衆議院及び参議院の両議院でこれを構成する」と定めている。日本国憲法は二院制をとっているが、二院制をとる国の事情は様々である。

貴族制が存在するイギリスでは、貴族と平民のそれぞれの利益を実現する議院として、貴族院と庶民院が置かれている。このタイプを「貴族院型」と呼ぶことがある。大日本帝国憲法下の日本もこのタイプであった。

連邦制をとる国においては、連邦の全国民を代表する議院と、各州を公平に代表する議院からなる二院制が採用される。アメリカでは下院と上院、ドイツでは連邦議会と連邦参議院という構成になっている。このタイプを「連邦型」と呼ぶことがある。

日本国憲法の二院制は、これらのどのタイプとも異なる「民選型」とでも呼ぶべきものである。このタイプの二院制のもつ意味は何であろうか。シーエスの「国民が一つなら院は一つ。上院が下院と対立すれば有害、同調すれば無用」という批判にどのように答えることができるかが問題となるだろう。

衆議院が政党化していくときに、参議院が政党とは距離をとる有識者の院、「良識の府」という役割が期待され、全国区と地方区による投票が行われていた。全国区で政党や労働組合、経済団体などとは無関係の知識人議員の選出が図られた。しかし参議院の政党化

が進んだため、脱政党化を目指すよりも、衆議院と異なる政党構成による慎重審議を目指して、1982年公職選挙法改正により、全国区に拘束名簿式比例代表制が導入された。さらに2000年にはこれが非拘束名簿式に変更されたが、政党化は進み、参議院はその特色を創出できずにいるように思われる。

　参議院を連邦国家なみに「地方の府」とすることは、「全国民の代表」と整合しない。「全国民の代表」機関であり続けながら衆議院との違いをつくり出すとすれば、選挙制度を考え直すしかないだろう。しかし、参議院が衆議院同様に政党化したからといって、その意義がなくなるわけではない。衆議院議員の任期は4年で衆議院解散があり、参議院の任期は6年で3年ごとに半数改選であるから、それぞれの任期終了と選挙時期にはズレがある。このことにより、時期の異なる民意を反映する二院ゆえの慎重な審議を期待することができる。また、参議院が半数改選であることから、衆議院だけだと生じるかもしれない急激な政治変革を避けることができる可能性もある。この意味では、衆参両議院の多数派が異なるいわゆる「ねじれ」現象は、時代の気分に流された変革を避ける意味ではプラスに評価すべきことであろう。「決められない」という批判もあるが、果たして「決める政治」それ自体が国民にとってプラスになるかどうかは疑わしいだけに、二院制をとっているがゆえの当然の結果として受け入れるべきである。

(2) 会期

　国会の会期とは、国会が開会されて活動ができる期間のことである。憲法52条が「国会の常会は、毎年一回これを招集する」と定

め、53条が「内閣は、国会の臨時会の招集を決定することができる。いづれかの議院の総議員の四分の一以上の要求があれば、内閣は、その招集を決定しなければならない」とし、さらに54条1項で「衆議院が解散されたときは、解散の日から四十日以内に、衆議院議員の総選挙を行ひ、その選挙の日から三十日以内に、国会を召集しなければならない」と定めている。これらはそれぞれ「常会」、「臨時会」、「特別会」と呼ばれている。このことから、日本国憲法は国会の常時活動ではなく、招集によって活動開始する会期制をとっていることが分かる。

国会が常時活動していると、内閣が常に国会の監視下にあることになるので、会期制により国会の活動停止期間を設けて、国会の監視を免れることは行政権に都合のよいことだった。だから、この会期外に内閣を監視する必要が生じた場合に、臨時会開催を要求する制度が意味をもつのである。

通常、国会は会期ごとに独立して活動するので、会期中に議決に至らなかった議案は「会期不継続の原則」により廃案ということになる。このことから、会期制は少数派の抵抗手段として機能することが可能となっている。会期末が迫った国会において、長時間にわたる討論や、裁決の際の牛歩により、多数派の提案を廃案に追い込むことができるからである。

なお、憲法54条2項は「衆議院が解散されたときは、参議院は、同時に閉会となる。但し、内閣は、国に緊急の必要があるときは参議院の緊急集会を求めることができる」としているが、同条3項が定めるように「前項但書の緊急集会において採られた措置は、臨時のものであつて、次の国会開会の後十日以内に、衆議院の同意がな

(3) 定足数及び表決

　憲法56条1項は「両議院は、各々その総議員の三分の一以上の出席がなければ、議事を開き議決することができない」とする。議院が議事を開き、議決することができる最少人員を定足数というが、これが「総議員の三分の一」とは少ないという印象を受けるだろう。しかしこれは最低限の議院の活動条件であり、できるだけ多くの議員が参加することが望ましいのはいうまでもない。この「総議員」とは現在議員数ではなく法定議員数のことと解すべきであろう。ただでも少ないうえに、現在議員数では欠員の把握が難しい場合があるからである。

　定足数を欠いて議事を進めることはできないから、議事開始の時に定足数を満たしていても、途中で定足数を欠いてはならない。定足数を欠いた議事及び議決は無効であるが、定足数を欠いていたか否かの判断は議院の自律権の問題である。

　憲法56条2項は「両議院の議事は、この憲法に特別の定のある場合を除いては、出席議員の過半数でこれを決し、可否同数のときは、議長の決するところによる」とする。出席議員の過半数だから、有効投票の過半数ではない。棄権者や無効投票者も出席議員として数えられる。「可否同数」とは過半数に満たなかったときであるから、本来は否決であるが、議長が決定できることになっている。可否同数という議事は民意が割れていることがらと考えられるから、議長の決定は「否」とすべきであるとする考えも一理あるといえるだろう。しかし、議長も議員であり民意を代表していること、国民

生活の改善に資する重要法案が可否同数になる場合もあり得ることから、議長は可否どちらにも決定することができると解すべきであろう。

過半数の例外として憲法が特別に定めるのは、議員の資格争訟の裁判で議員の議席を失わせるとき（55条）、秘密会を開くとき（57条1項）、議員を除名するとき（58条2項）、衆議院で可決し参議院でこれと異なった議決をした法律案を衆議院で再可決するとき（59条2項）であり、これらは出席議員の三分の二以上の特別多数によることとしている。これらとは別に、憲法改正の発議は総議員の三分の二以上の賛成を要するとされている（96条1項）。

(4) 会議の公開

憲法57条1項は「両議院の会議は、公開とする。但し、出席議員の三分の二以上の多数で議決したときは、秘密会をひらくことができる」と定めている。この会議の公開は、会議の諸原則の中で最も重要なのではないだろうか。議会内で自由な討論が行われていることを国民が監視し、その結果国民の自由な批判にさらされることにより、民主的政治過程が鍛えられるのである。国民の知る権利に資するともいえる。

会議の公開のためには、傍聴が許されているだけではなく、報道の自由が確保されていなければならない。同時に会議録が公開されることが重要である。そこで同条2項は「両議院は、各々その会議の記録を保存し、秘密会の記録の中で特に秘密を要すると認められるもの以外は、これを公表し、且つ一般に頒布しなければならない」とし、3項は「出席議員の五分の一以上の要求があれば、各議員の

表決は、これを会議録に記載しなければならない」と定めている。

(5) 両院協議会

国会の意思は両議院の議決の一致によって確定するのが原則である。両議院が異なった議決をしたときに、妥協案による議決の一致を目指すために、両院協議会が設けられることがある。憲法上、法律案（59条3項）、予算（60条2項）、条約の承認（61条）、内閣総理大臣の指名（67条2項）について、両院協議会が言及されている。

国会法89条によれば、両院協議会は両議院から各々10名の議員により構成されることになっており、同法92条1項によれば、協議案が成案とされるには出席委員の三分の二以上の多数が必要とされる。異なる議決を行った両議院から両院協議会委員に選ばれた議員は、各議院の多数派であるそれぞれ異なった政党の議員であるだろうから、ここで三分の二の委員が賛成するような妥協案とはどのようなもので、これが議決される可能性はどれくらいのものだろうか。また、そのようにして議決された成案が各議院に持ち帰られたときに、両議院で可決されることは、国会法93条2項が両院協議会の成案を各議院で修正することはできないとしていることからしても難しいのではないだろうか。両院協議会の意義は乏しいと考えざるを得ない。

(6) 衆議院の優越

衆議院と参議院は、それぞれ独立に議事を行い、議決する。これを独立活動原則という。また、両議院は国会として、同時に招集、開会、閉会する。これを同時活動原則という。両議院の権能の範囲

は原則的に対等であるが、衆議院に予算先議権があり（60条1項）、内閣不信任の議決権が衆議院のみにあること（69条）が、衆議院の優越といわれることがある。これらに対し、参議院は、衆議院解散中に緊急集会を開いて暫定的措置をとる権能を有する（54条2項）。

議決については、衆議院の優越が認められている場合がある。法律案の議決について、憲法59条2項は「衆議院で可決し、参議院でこれと異なつた議決をした法律案は、衆議院で出席議員の三分の二以上の多数で再び可決したときは、法律となる」と定めている。予算の議決については、憲法60条2項が「予算について、参議院で衆議院と異なつた議決をした場合に、法律の定めるところにより、両議院の協議会を開いても意見が一致しないとき、又は参議院が衆議院の可決した予算を受け取つた後、国会休会中の期間を除いて三十日以内に、議決しないときは、衆議院の議決を国会の議決とする」と定めている。条約の承認については予算の規定が準用されている（61条）。内閣総理大臣の指名についても67条2項が「衆議院と参議院とが異なつた指名の議決をした場合に、法律の定めるところにより、両議院の協議会を開いても違憲が一致しないとき、又は衆議院が指名の議決をした後、国会休会中の期間を除いて十日以内に、参議院が、指名の議決をしないときは、衆議院の議決を国会の議決とする」と定めている。

ただし、憲法改正の発議については、両議院は対等の権能を有している（96条1項）。

衆議院の優越は、連邦制における州代表の上院と国民代表の下院、あるいは貴族制における貴族代表の上院と民選代表の下院と

いった特徴を持った二院制において、下院の優越が発展してきた歴史を反映していると思われる。しかし日本国憲法上は両議院とも「全国民の代表」機関であるから、慎重審議を期待したうえでの下院の優越ということになるのであろう。

6 議院の権能

(1) 自律権

自律権とは、各議院が独自に行使することのできる権能のうち、他の国家機関からの干渉を排除して行使することのできる自主独立した権能のことをいう。絶対王政から立憲君主制への変遷の中で、民選議会である下院が、国王権力の介入、あるいは特権貴族の上院からの介入から、いかに独立して権限を行使できるかが問題であったという歴史的背景がある。

憲法58条1項は「両議院は、各々その議長その他の役員を選任する」と定める。各議院の自主的組織権を定めたものである。その他の役員とは、副議長、常任委員会の委員長などをいう。

憲法55条は「両議院は各々その議員の資格に関する争訟を裁判する。但し、議員の議席を失はせるには、出席議員の三分の二以上の多数による議決を必要とする」とする。これも自主的組織権に含めて考えられる。議員の資格とは、被選挙権があること、兼職禁止事項に該当しないことなどをいう。

憲法58条2項は「両議院は、各々その会議その他の手続及び内部の規律に関する規則を定め、又、院内の秩序をみだした議員を懲

罰することができる。但し、議員を除名するには、出席議員の三分の二以上の多数による議決を必要とする」と定める。各議院の自律的運営権について定めたものである。

前段は議院規則制定権について述べたものであるが、これは国会中心立法原則の例外と説明されることもあるが、そもそも規則は法律ではないので国会中心立法原則の範囲外であろう。衆議院規則と参議院規則がこれに該当する。この規則に委ねられている事項は、法律で決定することもできるものであり、実際に国会法などに規定がある。一般的な法の体系からいえば、規則は両院で可決された法律よりも下位規範であり、法律が規則に優越することになるが、議院規則の場合は議院の自律的運営確保のために憲法が定めたものと考えられるので、憲法の定める規則所管事項については規則が優先することになる。

後段は議員懲罰権について定めたものである。先に述べた議員の免責特権（51条）に対応する。懲罰には、戒告、陳謝、登院停止、除名がある。

(2) 国政調査権

憲法62条は「両議院は、各々国政に関する調査を行ひ、これに関して、証人の出頭及び証言並びに記録の提出を要求することができる」としている。この権限を国政調査権と呼んでいる。この権限の性格として、国会の国権の最高機関という性格から、国政を統括するために調査が行われるとする独立権能説と、唯一の立法機関であることを中心に、立法や予算の審議など憲法が国会に与えた権限を有効に行使するために必要な調査をすることができるとする補助

的権能説が対立する。

　最高機関が政治的美称だと考えることからすると、独立権能説はとることができない。また、議会制民主主義における多数派に一定レベル以上の権限を与えることの負の側面からすると、補助的権能説が妥当といえる。国民の知る権利に資するという意義を加味した新しい独立権能説も見られるが、国会に与えられた権限を越えて情報提供のために調査ができると考えるべきではない。

　調査の方法は、証人の出頭及び証言と記録の提出である。議院証言法7条1項によれば、正当な理由なく証人が出頭せず、証言を拒み、要求された書類を提出しないときは処罰の対象となる。正当な理由のあるときはこれらを拒否できるので、国政調査権には限界があることになる。正当な理由として考えられるものは、自己負罪拒否特権に関することがら、職務上知り得た秘密、調査目的と合理的関連性がないことがら、信仰やプライバシーなど憲法上の権利侵害になることがら、司法権の独立と矛盾することがらが挙げられる。かつて浦和充子事件において、参議院法務委員会が判決の量刑不当の決議を行ったことがあったが、これなどは調査権の限界を超えている。

7　財政

　財政は憲法上別に章が設けられているが、国会の権限であるので本書では本章で扱うことにする。

(1) 財政民主主義・財政国会中心主義・租税法律主義

　憲法83条は「国の財政を処理する権限は、国会の議決に基づいて、これを行使しなければならない」と定める。これは財政国会中心主義を明らかにしたものである。「代表なければ課税なし」と言われるように、君主によって恣意的な課税が行われ、また国費が支出されるのを防ぐために、これらには納税者の同意が必要であるという要求が、議会制の重要な部分であった。国会の財政コントロールは税を集めて使うという作用に、民主的統制を加えるという意味で、財政民主主義を実現したものということができる。憲法85条が「国費を支出し、又は国が債務を負担するには、国会の議決に基くことを必要とする」と定めるのも、この意味で理解されるべきである。ここでいう議決は、予算というかたちで行われることになる。

　憲法84条は「あらたに租税を課し、又は現行の租税を変更するには、法律又は法律の定める条件によることを必要とする」と定めている。これは租税法律主義を明文化したものである。租税を課すなど、金銭的な負担を国民に強いる場合には、法律によること、つまり、議会の同意を得なければならないことを意味する。

　租税とは、国及び公共団体がその経費とするために、国民及び住民から強制的に徴収する金銭のことをいう。この租税は、毎年国会の議決を必要とするという一年税主義と、一度定められた租税は毎年徴収するという永久税主義がある。法律は毎年改正されることを予定しているものではないから、租税法律主義は永久税主義に結びつくと考えられる。

(2) 予算

憲法86条は「内閣は、毎会計年度の予算を作成し、国会に提出して、その審議を受け議決を経なければならない」と定める。予算とは、一会計年度における歳出歳入の見積のことである。万が一この見積どおりにいかない場合のために、憲法87条1項は「予見し難い予算の不足に充てるため、国会の議決に基いて予備費を設け、内閣の責任でこれを支出することができる」とし、2項で「すべての予備費の支出については、内閣は、事後に国会の承諾を得なければならない」として、財政民主主義をここでも貫いている。

予算の法的性格について、内閣の財政処理権限の一部と考える予算行政説、法律とは異なる国法の一形式と考える予算法形式説、法律の一種と考える予算法律説がある。予算行政説では、予算には法的拘束力がなくなり、国会の議決は単なる承認を与えただけということになる。この説は財政民主主義と整合せず、これを説く学者も今は聞いたことがない。

予算法形式説は、予算案が必ず内閣によって国会に提出されること、会計年度ごとに成立すること、審議と議決の方式が法律と異なることを理由に、予算を法律とは一ランク低い法形式と考えるものである。この説をとったときに問題となるのは、法律と予算の不一致が生ずる可能性をどのように考えるかということである。法律には予算の裏付けがあってはじめて執行できるものがある。また、予算をつけても執行の根拠となる法律がなければ執行できない。前者の場合に、内閣は憲法73条1号が「法律を誠実に執行」することを課されているから、法律執行に必要な予算案を作成するが、国会

の予算審議にはこのようなしばりはない。その結果として予算と法律の間に食い違いが生じることがありうる。国会はこのような不一致が生じないように、自らがかつて成立させた法律の執行のために予算をつけるべきであろうか。予算法形式説では、国会にはこのような義務があると考えることになる。

予算法律説は、このような予算と法律の不一致を、ある法律を一会計年度に限って廃止するという国会の意思とみなすことができる。法律を制定したときの主権者国民の意思がすでに存在しないと国会が考えたときには、国会は法律を廃止することもできるし、予算というかたちの法律で一会計年度だけ廃止することもできる。過去の民意に予算審議時の国会が拘束される必要はない。憲法上予算の議決方法が法律の議決方法と比べて衆議院の優越が強く、成立しやすくなっていることを予算が法律ではないことの理由と考える予算法形式説には、憲法自身が認めた例外と回答すればよいであろう。この例外が必要なわけは、法律は新たにつくられなくても国家の運営に致命的な影響が生じるわけではなく、以前と同じように運営されるだけである。しかし、予算が成立しなければ国家の運営が不可能になってしまう。このことが一般法律と予算法律の議決方法の違いに現れているのである。

予算案の修正は、政府提出原案を削減削除する減額修正と、原案にはない項目を加えたり、原案を増額したりする増額修正がある。予算行政説では、政府の予算提出権を侵害しない範囲での修正という限界があることになる。予算法形式説では、先述の不一致が生じない限度での修正が認められる。これらに対し、予算法律説では修正に限界はない。内閣の予算案を国会が否決することもできるのだ

から、いかなる修正も可能なはずである。

(3) 公金支出制限

憲法89条は「公金その他の公の財産は、宗教上の組織若しくは団体の使用、便益若しくは維持のため、又は公の支配に属しない慈善、教育若しくは博愛の事業に対し、これを支出し、又はその利用に供してはならない」と定めている。

本条前段は、政教分離の財政的側面と考えることができる。宗教団体に対する公金支出はそれだけで本条違反になり、目的効果基準の使われるところではない。宗教団体などの使用、便益、維持のための支出が許されないのであるから、文化財の維持のための支出や、私立学校の使用や便益のための支出は該当しないと考えられる。ただし、表向きは文化財保護や教育のためであっても、実際に宗教団体などの使用等に使われる可能性もあるので、この場合には何らかのかたちでの公の支配に属することが必要となる。

この点で、本条後段が、公の支配に属しない慈善、教育、博愛の事業に対する公金支出等を禁じている意味がある。ここでいう「公の支配」は、事業団体の人事や運営、予算会計、事業遂行、などについて国や地方公共団体の支配下にあることをいう。またこの後段の規定は宗教団体等が行う事業に限られず、あらゆる私的な慈善、教育、博愛の事業に適用される。国民の税金からなる公金や公共施設の使用には公的コントロールを及ぼそうとする趣旨である。慈善、教育、博愛の事業が公共の利益に沿ったかたちでそれらの事業を遂行しているか、別のことがらに公金を使用していないかを政府がチェックするのは、財政民主主義と整合する。

(4) 決算と財政状況報告

　憲法90条1項は「国の収入支出の決算は、すべて毎年会計検査院がこれを検査し、内閣は、次の年度に、その検査報告とともに、これを国会に提出しなければならない」とする。決算は、一会計年度に実際に行われた収入と支出の結果を示した計算書のことで、予算と違って法規範性はない。会計検査院については同条2項が「会計検査院の組織及び権限は、法律でこれを定める」とし、これを受けた会計検査院法がある。会計検査院は内閣からは独立した地位を有する行政機関であり、検査官には身分保障がある。

　会計検査院は、法的見地により決算の合法性、適法性を検査し、内閣がこの検査報告を国会に提出する。国会は政治的見地からこの報告を審査し、予算執行責任者である内閣の責任を明確化する。場合によっては決算不承認もあり得るが、この結果は決算の効力に影響しない。検査されるのは、国の収入支出の決算すべてであるから、この点において国家秘密は存在し得ないことに注意すべきである。

　憲法91条は「内閣は、国会及国民に対し、定期に、少くとも毎年一回、国の財政状況について報告しなければならない」とする。財政民主主義の徹底化が図られている。

第16章
内閣

1 行政権

(1) 行政権とはなにか

憲法65条は「行政権は、内閣に属する」と定めている。立法権が法律を制定する作用であり、司法権が争訟を法律の適用によって解決する作用であるという定義があるのに対し、行政権の定義というものがあるわけではない。このことは、歴史的に君主の権限から、立法権を国民から選出された議会によって奪い取り、司法権を独立の裁判所に行使させることにして、残った君主の権限が行政であったという過程を経たことを示している。このように考えると、国家の作用のうち立法作用と司法作用を除いたものが行政権であるという「控除説」が消極的な定義ではあるが、理解としては正しいものといえるだろう。

この行政権は内閣が担当することになる。しかし、行政権のすべてが内閣によって独占的に行使されるわけではない。憲法41条が「唯一の立法機関」といい、76条が「すべて司法権は」といっているのと異なり、65条は独占的な規定となっていない。このことは、およそ行政権なるものが内閣という機関のみによって行える程度の領域の業務ではないことから、多岐にわたる膨大な行政を担当する様々な行政機関が存在し、内閣はこれらを指揮・監督し、行政全体

を統括する地位にあることを意味する。そしてこの内閣を国会のコントロールの下に置くことによって、行政全体に民主的コントロールが効くことになる。憲法66条3項が「内閣は、行政権の行使について、国会に対し連帯して責任を負ふ」と定めるのは、行政全体への国会によるコントロールを意味している。

(2) 独立行政委員会

　行政権を担当する様々な機関の中で、内閣の指揮・監督の外側にある独立行政委員会の存在をどのように理解すればよいのだろうか。公正取引委員会、人事院、国家公安委員会など、内閣から独立して職権を行使する行政機関がある。憲法自体が90条で定める会計検査院を例外として、これらの独立行政委員会の合憲性を説明するものとして、内閣が委員の任命権や予算の編成権を有しているなど、内閣に従属しており、また人事官は国会による弾劾の訴追を受けるから、直接国会の民主的コントロール下にあるとするものがある。しかし、裁判官も内閣により任命されるし、国会の弾劾裁判を受けるが、それでも司法権は独立しているので、この説明は成り立たない。

　独立行政委員会の職務内容に着目すると、準立法的権限や準司法的権限を与えられており、人事行政における試験を行うなど、性質上政治的コントロールになじまない領域の職務を行う。これらの職務は内閣の指揮・監督を受けず、政党の圧力から遮断され、政治的中立性や職務の中立性に配慮して行われることが必要である。したがって独立行政委員会は、そもそも民主的コントロールの及ばない立ち位置にいなければならない機関であり、このような機関の必要

性を前提としているからこそ、65条は「すべて」や「唯一の」という形容詞を避けたものと考えられるのである。

2 内閣の組織

(1) 内閣の構成

憲法66条1項は「内閣は、法律の定めるところにより、その首長たる内閣総理大臣及びその他の国務大臣でこれを組織する」と定める。内閣総理大臣が「首長」とされているのは、大日本帝国憲法下においては、国務大臣の規定はあっても内閣は憲法上の存在ではなく、総理大臣は他の国務大臣と同等の地位にあり、いわゆる「同輩中の主席（primus inter pares）」に過ぎないことから、そのリーダーシップを発揮できなかったことによる。旧憲法下において、内閣不統一は内閣総辞職の理由となり、陸軍大臣や海軍大臣の動向によって内閣の運命が決せられることになったが、日本国憲法では内閣総理大臣が首長であり、これを補強するのが国務大臣の任免権である。憲法68条1項は「内閣総理大臣は、国務大臣を任命する。但し、その過半数は、国会議員の中から選ばれなければならない」と定め、2項は「内閣総理大臣は、任意に国務大臣を罷免することができる」としている。特に2項の「任意」の罷免権は、内閣の不統一を避けるだけでなく、内閣総理大臣の意に添わぬ国務大臣を取り除いて自らの方針を貫くことを可能にしている。また、憲法75条が「国務大臣は、その在任中、内閣総理大臣の同意がなければ、訴追されない。但し、これがため、訴追の権利は害されない」とす

るが、この国務大臣の訴追に対する同意も内閣総理大臣の首長性を示している。

憲法の「内閣総理大臣その他の国務大臣」という言い方からすれば、内閣総理大臣も国務大臣ということになる。内閣はこれらの国務大臣からなる「組織」つまり合議体である。憲法72条は「内閣総理大臣は、内閣を代表して議案を国会に提出し、一般国務及び外交関係について国会に報告し、並びに行政各部を指揮監督する」と定めるが、「代表」することにより内閣総理大臣の首長性が示されるが、同時に代表される内閣が合議体であることをも示している。

(2) 文民

憲法66条2項は「内閣総理大臣その他の国務大臣は、文民でなければならない」とする。この文民条項は、新憲法審議の過程で加えられたものである。「文民」とは"civilian"の訳であり、軍隊に対するシビリアン・コントロールが意識されているものと思われる。しかし、憲法の審議段階から制定当初は日本に軍隊は存在しないから、これは過去に帝国陸海軍職業軍人ではなかった者を意味すると考えられていた。そうすれば、時の経過とともにこの条項は役割を終えることになったはずである。その後、自衛隊の設立により、この条項の存在意義は復活した。現在あるいは過去に自衛隊の武官ではなかった者という意味に解されることになる。

3 議院内閣制

(1) 内閣の国会との関係

憲法66条3項は「内閣は、行政権の行使について、国会に対し連帯して責任を負ふ」とする。また、67条1項は「内閣総理大臣は、国会議員の中から国会の議決で、これを指名する。この指名は、他のすべての案件に先立つて、これを行ふ」と定め、さらに先述のように、内閣総理大臣が任命する国務大臣の過半数は国会議員でなければならない。

このように日本国憲法上、内閣は国会と密接な関係にある。これをもって、議院内閣制をとっているといわれる。

(2) 議院内閣制の類型

議院内閣制は、厳格な三権分立ではなく、内閣と議会が何らかの関係にある統治制度のことをいう。歴史的には絶対王政から市民革命を経て民主政治が実現する過程において、立憲君主制という時代を経験することになる。立法権を奪われた君主は、行政担当者としての大臣を国会議員の中から選出しなければならず、それゆえに内閣は議会と国王の両方に責任を負うことになる。統治の正統性の根拠も、主権者国民から選出された議会と、君主から選出された内閣というように、国民と君主の二つが存在することになる。もし内閣が議会の信任を失ったならば、君主による議会解散権の行使を期待することができる。だから議会は簡単には内閣を不信任するわけに

はいかない。しかし、君主が解散権を行使した結果、選挙において君主の意に叶う議員、つまり不信任された内閣のメンバーが落選してしまう可能性もある。したがって君主は簡単には解散権を行使することはできない。その結果、議会と内閣は微妙な抑制と均衡の関係に立つことになる。これが二元的議院内閣制と言われるものであり、ここでは議院内閣制の本質は抑制と均衡に求められる（均衡本質説）。

その後、立憲民主制の時代になると、君主は統治の場面から退場することになる。そうなると内閣は議会の議決によって選出され、内閣は議会にのみ責任を負うことになる。統治の正統性根拠も、内閣、議会ともに主権者国民である。ここでは内閣の存立は議会の信任によることとなり、内閣は議会に従属する存在となる。議会の信任を失った内閣は存立基盤を失うから総辞職しなければならない。これが一元的議院内閣制といわれるものであり、ここでの議院内閣制の本質は対議会責任ということになる（責任本質説）。

憲法66条3項が内閣の対議会責任を明確にしており、憲法6条における天皇の内閣総理大臣任命や、憲法7条3号における衆議院の解散は「内閣の助言と承認」（3条・7条）により行われるとされているので、日本国憲法における議院内閣制は一元的議院内閣制であるといえる。

ここでいう「責任」とは政治責任のことである。これは、民刑事上の責任である法的責任ではないという意味においてのことである。内閣の存立は議会の信任がある限りにおいてであるから、信任を失った内閣は責任を負わなければならない。それが総辞職であることは66条3項の「連帯して責任を負ふ」の文言に込められた意

味である。このことによって、各大臣が個々に責任を負うことが許されないわけではない。例えば問題発言のあった大臣の辞任や、内閣総理大臣による罷免がそうである。

(3) 衆議院の解散

解散とは、議員の任期満了を待たずに、その身分を失わせる行為をいう。憲法69条は「内閣は、衆議院で不信任の決議案を可決し、又は信任の決議案を否決したときは、十日以内に衆議院が解散されない限り、総辞職をしなければならない」と定める。本条により、総辞職によって国会に対して連帯して責任を負うべき場合が明確にされている。同時に、総辞職しない唯一の手段として衆議院解散権が内閣に認められている。

この衆議院の解散ついては、本条の場合に限定する69条限定説と限定しない69条非限定説がある。69条限定説は、憲法上衆議院の解散が行われる場合が、衆議院による内閣不信任の決議があったときであることだけを憲法が明示しているので、内閣が行政権を行使できるのは憲法に明示してある権限だけであるというのが立憲主義の意味であるから、69条以外に衆議院解散の根拠はないとするものである。

69条非限定説はその根拠をどこに求めるかで、いくつかに分類される。

7条説は、天皇の国事行為である7条3号による衆議院の解散に対する「助言と承認」に、内閣の実質的決定の根拠を求めるものである。しかし、憲法4条1項によって「国政に関する権能を有しない」とされる天皇の国事行為に対する「助言と承認」は、この中に

内閣の実質的決定権があるのではなく、憲法または法律により実質的決定権が与えられている機関による行為の一定のものを、国事行為として天皇が行うときの形式的手続である。だから、これに衆議院解散の根拠を求めることはそもそもできない。

65条説は、控除説によって、立法でも司法でもないものは行政として内閣の職務範囲にあるものとすれば、当然衆議院の解散はこの中に含まれるとするものである。控除説は行政の定義に関する議論であり、内閣が行うことのできる行政については、本来、憲法で明示してあるはずである。憲法73条が示す「一般行政事務」の中に衆議院の解散が含まれるとは考えられないし、同条1号のいう「国務の総理」とも考えられない。国会の召集、予算案の提出などは憲法に明示してあり、衆議院の解散については69条に明示してあることからすれば、あえて69条以外の場合以外の解散を65条から引き出す意味があるかは疑わしい。

自律解散説は、内閣が解散権を行使できるのは69条の場合に限られるが、衆議院自身の議決により解散することができるとする。この説は41条の「国権の最高機関」に自律解散の根拠を求めるのだろうか。しかしこれは「政治的美称」として、特段の意味をもたない規定であったはずである。また、国民から選挙によって選出された国会議員が、自らその地位を放棄することは主権者を裏切ることになり、代表制民主主義に反するとも考えられる。

制度説は、解散の根拠を議院内閣制が採用されているからというところに求めるようであるが、議院内閣制から直接に衆議院の解散が帰結するわけではない。そうなると、ここでいう制度は代表制民主主義という制度であろうか。

この制度説が現在のところの通説であるように思われる。衆議院解散の根拠を制度説流に認めるとしても、なぜ内閣にこの権限があるのかを考えてみる必要はあるだろう。憲法の条文から見てみると、69条は内閣が総辞職しなければならない場合についての条文であり、同様の70条と合わせて71条が「前二条の場合には、内閣は、新たに内閣総理大臣が任命されるまで引き続きその職務を行ふ」と定めていることからも分かる。そうすると69条のいう「衆議院が解散されない限り」は69条に限定する趣旨ではないとも読めるのである。さらに衆議院の任期を定めた45条の「衆議院解散の場合」や、54条で「衆議院が解散されたとき」の総選挙と国会召集について1項が、参議院の緊急集会について2項が定めていることからすると、69条以外の解散が前提とされているようにも読める。

　しかし、そもそもどうして内閣が衆議院を解散しなければならないのだろうか。制度説は、衆議院が民意を反映しているかどうか疑問がもたれるときに、民意を確認する手段として解散が行われるという、解散の民主的機能に期待する。そうすると内閣が解散権を行使する場合は限定されることになる。正当な解散として考えられるのは、内閣の意思と国会の意思が対立し、内閣から見れば国民が望んでいない法律を国会が制定し、内閣としてはこれを誠実に執行しなければならない、あるいは国民が望んでいると内閣が強く思っている法律を国会が制定しようとしないような場合や、前回選挙では選挙争点となっておらず、それゆえに国民の承認を得ていない重大な立法・条約・その他の政策問題が生じたような場合などに限られるとされる。この点からすれば、内閣の解散権行使を、野党の側から要求することも考えられる。このような衆議院の解散は、国民の

民意確認のためのレファレンダム的役割が期待されているようである。

　この衆議院の解散は、内閣を安定強化し、内閣の思う立法や政策をやりやすくするために行われることもできるし、実際に行われてきたといってよい。内閣総理大臣の個人的な人気を演出し、任期をリセットする目的で解散したり、国民のためとは思われない政策を強行するために解散したり、しかも参議院議員選挙と同日選挙をねらって、内閣の地位を強化することによって、国民に不人気な政策を実行するために解散したりというように、内閣の党派的目的のために衆議院の解散は濫用されてきた。いつ総選挙を行うかの選択権が内閣にあることになるので、これを利用しない手はない。国会内多数派にこのような権限を自由に行使させることが、制度説のいう解散の民主的機能なのかどうかは疑ってみる必要がある。

　また、総選挙のレファレンダム的機能に期待することは、有権者がその時々の雰囲気に流されて、必ずしも国民のためとは思われない政策を選択してしまう危険性がある。特に重要な事項についての民意を確認するための解散総選挙となると、有権者に対して相当の情報が公開されていなければ選挙は有害なものになってしまう可能性もあり、専門的なことがらは専門的知識のない有権者が判断しない方がよい。さして重要でない事柄であれば総選挙で国民に問う必要はなく、国会で決定すればよいことである。内閣が衆議院を解散してある事項について民意を問いたいときには、内閣の意図にとって不利になるような情報は隠されるのが通常だろう。経済、環境、エネルギー、食糧など国民の重要関心事となることがらは現存する国会の審議に任せた方がよいと思われる。そのための「全国民の代

表」だったはずである。

　衆議院議員の任期は4年である（45条）。この任期を努め、この間に何をしたかで「全国民の代表」である議員は評価されるべきであろう。69条以外の解散が常態化し、任期満了が例外であるかのような状況こそ問題にされるべきで、逆に69条での解散が少ないことを問題にすべきではない。内閣が議会の信任を失うことの方が緊急事態であろう。4年という任期の中で、選挙公約と民意を背負いながら、何が全国民のためかを考えて行動する代表たる議員の存在こそが代表制民主主義にふさわしい。衆議院の解散は69条限定説が正しいことになる。

4　内閣の職務

　憲法73条は「内閣は、他の一般行政事務の外、左の事務を行ふ」として、法律の執行と国務の総理（一号）、外交関係の処理（二号）、条約の締結（三号）、官吏に関する事務の掌理（四号）、予算の作成と国会提出（五号）、政令の制定（六号）、恩赦の決定（七号）を挙げている。

(1) 条約の締結

　条約締結に関する73条三号の規定は、「但し、事前に、時宜によつては事後に、国会の承認を経ることを必要とする」としている。条約の締結は内閣の職務であるが、内閣だけではこの権能を行使できず、国会の承認が必要になる。ここでいう条約とは、文書による

国家間の合意のことをいい、国際法上の権利義務関係の設定およびその変更に関するもので、必ずしも条約という名称に限らず、協定、規約、憲章、議定書などと呼ばれるものも含まれる。

　国会の承認を必要とするのは、条約の締結により、その国内的実行のためには法律を制定しなければならない場合があり、新たな財政支出を必要とする場合もあり、国家間の基本的な関係を法的に規律することになり、それが国民生活に何らかの影響を与えることになる場合があるからである。しかし、すべての国家間の合意が国会の承認を必要とするわけではないと考えられ、すでに締結されている条約の実施細目を内容とするようなものは「行政協定」と呼ばれ、これには改めての国会の承認は必要ないと理解されている。しかし、条約の内容に影響するような行政協定の締結および改定は、国会の承認が必要だと解すべきである。

　条約の締結は、全権委員による署名と内閣による批准からなる。ここに国会のコントロールが及ぼされるのは、元来君主の権限事項であった外交に議会が関与して民主的コントロールの下に置くという趣旨であるから、国会の承認は「事前」でなければならない。しかし「時宜によつては事後に」承認を受けることになっているのは、緊急の場合で事前に国会の承認を受ける時間的余裕がなく、しかも内閣が事後でも国会の承認を受けられると判断したようなときなどが想定されているのであろう。このようなときに、もし事後の国会承認が受けられなかった場合の条約の効力はどうなるのだろうか。無効説は、国会の承認が条約成立要件であり、事前と事後で承認の効果は同等であり、そもそも条約相手国が日本の条約締結手続について知っていることが当然であることを理由に挙げている。これに

対し有効説は、条約の国際的効力は国際法によって規律されるべきであり、外国である条約相手国は日本国憲法の効力外であり、日本国憲法を解釈する義務もないことを理由とする。この二説の折衷案のような条件付無効説によれば、条約が国内法に反していたとしても原則的に有効であるが、国際法に反しない調査方法で国家が一般に知ることが可能である条件に反している場合に無効である。「条約法に関するウィーン条約」(1981年批准)は「条約に拘束されることにかかわる同意が条約を締結する権能に関する国内法の規定に違反して表明されたという事実を、当該同意を無効とする根拠とすることはできない」としつつ「違反が明白で基本的に重要な国内法規定にかかわるものである場合はこの限りではない」(46条1項)として、条件付無効説と同様の考え方をしている。君主の専権事項から国会のコントロール事項へという流れの中で考えたときに、無効説が有力ではないだろうか。

　国会が承認する際に修正することは、国会が外交をコントロールするという趣旨からすれば、当然に可能と解すべきである。修正された条約案をもって内閣が再び相手国との交渉に望むか、もとの条約案でなければ締結する価値なしと判断するなどして交渉をやめるかは、内閣の判断に任せられる。

(2) 政令の制定

　行政機関により発せられる法規範を「命令」という。このうち内閣によって制定されるものを「政令」という。73条六号は「この憲法及び法律の規定を実施するために、政令を制定すること。但し、政令には、特にその法律の委任がある場合を除いては、罰則を設け

ることができない」と定めている。ここから読み取れる政令には二つのものがある。

執行命令とは「憲法及び法律」を執行するための細目を定める「政令」のことをいう。憲法の規定を直接実施するには法律によらなければならないから、ここでいう「憲法及び法律」は「憲法を実施するための法律及びその他の法律」という意味に理解しなければならない。

73条六号但書によると、法律の委任がなければ政令で罰則を設けることはできないとのことであるから、当然に委任命令が前提とされているものと理解することができる。本来法律が定めるべきことがらについて法律が政令に委任することは、41条における「国会の唯一の立法機関」からみて疑問に感じる向きもある。しかし現代国家における立法は、高度な専門性・技術性が要求される事項、時間や状況の変化に対応しなければならない事項、全国一律というわけにはいかず地域の特殊性に配慮しなければならない事項なども対象となり、これらについては法律で定めた枠内で行政権に最終的決定を行わせた方が事情に適切に対応できる場合がある。このことが委任命令を41条が許容する理由である。しかしながら、内閣が恣意的に政令制定権を行使することができないように、一般的包括的な委任は許されず、その内容は個別的具体的でなければならない。

また、国会は法律による委任を、法律の改正によりいつでも撤廃することができる。

5　内閣の総辞職

　内閣が総辞職しなければならない場合については、すでに述べた69条の場合に内閣不信任の決議があった後10日以内に衆議院解散が行われなかった場合以外には、70条が「内閣総理大臣が欠けたとき、又は衆議院議員総選挙の後に初めて国会の召集があつたときは、内閣は、総辞職をしなければならない」と定めている。

　内閣総理大臣が欠けたときというのは、辞職によって生じることもあれば、死亡や欠格事由の発生による場合もある。病気や行方不明など一時的に職務を執ることができない場合には、内閣法の規定によれば「内閣総理大臣に事故のあるとき、又は内閣総理大臣が欠けたときは、その予め指定する国務大臣が、臨時に、内閣総理大臣の職務を行う」（8条）ことになっている。この予め指定された臨時に職務を行う国務大臣を一般には副総理と呼んでいる。ここでいう「内閣総理大臣が欠けたとき」で副総理が臨時に職務代行しなければならないのは、衆議院の解散あるいは任期満了による総選挙と国会召集が予定されている期間に総理大臣が欠けた場合であろう。国会招集と同時に総辞職するまでの間、副総理によって職務が行われることになる。

　総選挙後に初めて国会が召集されたときも、内閣は総辞職する。選挙での与党の勝敗には関係ない。それまでの内閣総理大臣を指名した衆議院が存在しなくなったために、内閣の存在基盤が喪失したことになる。そこで、同じ人物が内閣総理大臣に指名される可能性

が濃厚の場合でも、いったん総辞職し、改めて指名を受けて信任を確立することにして、内閣の地位が国会に従属するという議院内閣制の趣旨を確認しているのである。

第17章
裁判所

1 司法の概念と限界

　憲法76条1項は「すべて司法権は、最高裁判所及び法律の定めるところにより設置する下級裁判所に属する」と定める。ここでいう司法権は、具体的な争いごとに法を適用して、これを解決する作用である。裁判所法が「裁判所は、日本国憲法に特別の定のある場合を除いて一切の法律上の争訟を裁判し、その他法律において特に定める権限を有する」（3条1項）というのは、この司法権の内容を受けている。

(1) 司法権とはなにか

　法律上の争訟が存在するとしても、どの領域に存在するのかによって、司法権の対象とならない場合も考えられる。ドイツやフランスにおいて司法の作用は民事事件と刑事事件であった。行政事件については行政裁判所という司法裁判所とは別の機関によって裁判が行われることになっている。日本においても旧憲法は「行政官庁ノ違法処分ニ由リ権利ヲ傷害セラレタリトスルノ訴訟ニシテ別ニ法律ヲ以テ定メタル行政裁判所ノ裁判ニ属スヘキモノハ司法裁判所ニ於テ受理スルノ限ニ在ラス」（61条）と定め、行政事件を民事・刑事事件と区別して、司法権の対象ではないというドイツ流の行き方

をとっていた。

イギリスやアメリカにおいては行政事件も司法裁判所が担当するものとされていた。憲法76条2項が「特別裁判所は、これを設置することができない。行政機関は、終審として裁判を行ふことができない」と定めていることからして、現在の日本はアメリカ流の行き方をしていると考えられている。この理解が裁判所法にいう「一切の法律上の争訟」と合致するだろう。

裁判所法のいう「日本国憲法に特別の定のある場合」とは、55条の定める国会議員の資格争訟の裁判と、64条の定める裁判官の弾劾裁判のことである。また「その他法律において特に定める権限」には、伝統的な司法の概念に含まれる主観訴訟、つまり個人の法的利益の侵害を争う訴訟に限らず、自分自身の権利や利益が侵害されたわけではなくとも、法律によって定められた範囲の者が公権力の行使にかかわる法令遵守の確保という一般的利益のために提起する客観訴訟がある。客観訴訟としては、行政事件訴訟法が民衆訴訟（5条）と機関訴訟（6条）を定めている。このうち民衆訴訟には、地方自治法上の住民訴訟（242条の2）や公職選挙法上の選挙無効訴訟（203条および204条）がある。それぞれ津地鎮祭事件などの政教分離訴訟、議員定数不均衡訴訟などが行われてきた。

司法が伝統的に法律上の争訟を解決する作用であると理解されるとするならば、これらの客観訴訟が認められることによって、司法権の対象となる裁判が拡大されてきたと考えることができるだろう。

(2) 司法権の限界

司法権の作用が「一切の法律上の争訟」と客観訴訟であるとして

も、これには限界があるとされることがある。もっとも法律上の争訟とは言いがたいものについては、限界という以前に争いがあったとしても司法権の対象ではない。例えば宗教上の教義に関する争いであった板まんだら事件で最高裁判所は「本件訴訟は、その実質において法令の適用による終局的な解決の不可能なものであって、裁判所法3条にいう法律上の争訟にあたらないものといわなければならない」と述べたことがある（最判1981/4/7）。

ⅰ）**自由裁量**　政治部門の行為について法律がどのように行為すべきかを明確に述べていないとき、政治部門の自由裁量が認められ、これには司法権は及ばないといわれる。しかし、裁量の範囲を逸脱した場合、裁量権の濫用が認められる場合には司法権の対象となる。

ⅱ）**自律権**　国会議員の懲罰、役員選任、定足数などの議事手続や、内閣の閣議事項などは各機関の決定を自律権の問題として尊重し、法律の適用によって解決可能な紛争であっても裁判所は介入しない。

ⅲ）**部分社会**　部分社会法理として、自主的な判断が尊重されるべき団体内部の事柄は、たとえ法律の適用によって解決可能な場合でも、司法権の対象とはならないと言われることがある。地方議会議員の懲罰をめぐる裁判で最高裁判所は「自律的な法規範をもつ社会ないしは団体に在っては、当該規範の実現を内部規律の問題として自治的措置に任せ、必ずしも、裁判にまつを適当としないものがある」（最大判1960/10/19）と述べた。また、富山大学事件においても「一般市民社会の中にあってこれとは別個に自律的な法規範を有する特殊な部分社会における法律上の係争のごときは、それが一

般市民社会秩序と直接の関係を有しない部分的な問題にとどまる限り、その自主的、自律的な解決に委ねるのを適当とし、裁判所の司法審査の対象にはならない」(最判1977/3/15) と述べた。地方議会や大学だけでなく、政党、自治会、宗教団体などもこのような部分社会と考えられるが、このような団体内部での紛争に司法権が及ばないとするならば、団体内部の多数派による少数派抑圧を放置する結果になることがある。ここでは社会的権力である団体の自由と、団体内部にある個人の表現の自由、信教の自由、思想良心の自由との調整あるいは対抗の問題として考える必要があるだろう。部分社会だからという理由で司法権の発動を一律に排除すべきではない。

iv) **統治行為**　高度に政治的な問題ゆえに裁判所の審査の対象にならないといわれるものがある。これを統治行為という。高度な政治性をもつことがらは民主政治の手続によって決定されるべきであるという考え方が背景にある。裁判所は民主的手続からは最も距離のある国家機関であり、裁判官が国民に対して政治責任を負うわけでもない。高度に政治的なことがらは民主的手続によって選ばれる立法府あるいは行政府によって判断されることが好ましく、終局的には国民の判断に任せられるべき事柄であるから、裁判所の判断には性質上なじまないといわれる。また、高度に政治的なことがらを裁判所が判断した結果生じる混乱を避けるために、裁判所は自制すべきであるという説明も可能である。果たしてどんな混乱が予想されるのかは未知数ではあるが。

最高裁判所は、日米安全保障条約の違憲性が問題となった事例において、この条約は「主権国としてのわが国の存立の基礎に極め

て重大な関係をもつ高度の政治性を有するものというべきで」あり、「違憲なりや否やの法的判断は、純司法的機能をその使命とする司法裁判所の審査には、原則としてなじまない性質のものであり、従って、一見極めて明白に違憲無効であると認められない限りは、裁判所の司法審査権の範囲外のもので」あると述べた。そして「条約の締結権を有する内閣およびこれに対して承認権を有する国会の判断に従うべく、終局的には、主権を有する国民の政治的批判に委ねられるべきものであると解するを相当とする」（最大判1959/12/16）とした。ここでは「一見極めて明白に違憲無効」と認められる場合には、例外的に司法審査に踏み込む可能性を臭わせているのであるから、純粋な統治行為理論を採用したのではないと思われるが、最高裁判所はこの判決から七ヶ月後には例外なしの統治行為に言及することになった。

衆議院の解散の違憲性が争われた苫米地事件において、最高裁判所は「直接国家統治の基本に関する高度に政治性のある国家行為のごときはたとえそれが法律上の争訟となり、これに対する有効無効の判断が法律上可能である場合であっても、かかる国家行為は裁判所の審査権の外にあり、その判断は主権者たる国民に対して政治的責任を負うところの政府、国会等の政治部門の判断に委され、最終的には国民の政治判断に委ねられているものと解すべきである」（最大判1960/6/8）とした。なおこの判決は、統治行為論について「司法権の憲法上の本質に内在する制約と理解すべきである」と述べた。法律上の争訟となるものであっても審査権の外にある「内在的制約」というのは理解が難しい。

条約については一見極めて明白な場合には統治行為論を用いず、

自律権の問題のようなものには例外なしの統治行為論を用いるのかどうかについて、これらの判決からは分からない。また、司法権の憲法上の本質は法律上の争訟を解決して国民の権利を守ることにある。ところが裁判で違憲性が問題となった法律の判断に統治行為論を用いることによって、違憲の疑いがある法律を適用されることにより権利を侵害される国民が存在することになる。このような結果を司法権の本質に内在すると説明することはかなり無責任と思われる。さらに、人権や平和、環境、その他の憲法上の重要問題はすべて高度な政治性を有しているはずである。重要であればあるほど裁判所の判断にはなじまないと考えることが、立憲主義という観点からすればマイナスの作用をするのではないかという疑念は払拭されない。そして、統治行為論の正当化根拠が、最終的には国民の判断という民主的手続にあるというのであれば、専門的なことがらなど国民の判断になじまない事項や、民主的政治過程そのものにかかわるような高度な政治問題には、統治行為論がなじまないと考えるべきであろう。実際に最高裁判所は、国会議員選挙の定数不均衡問題という高度に政治的な問題に統治行為論を採用していない。

　以上のことからすれば、統治行為という曖昧な概念を裁判に持ち込まず、自由裁量や自律権など別の理由が成り立つ場合以外は、裁判所は審査すべきであるという統治行為否定論が成り立つ余地は十分にあるといえるだろう。

2　裁判所の組織

　司法権を行使するのは最高裁判所と、裁判所法で定められる下級裁判所である高等裁判所、地方裁判所、家庭裁判所、簡易裁判所（2条）である。

(1) 特別裁判所の禁止
　特別裁判所は禁止される（76条2項前段）。特別裁判所とは特別の管轄をもつ裁判所であり、通常裁判所の系列の外に存在する裁判所のことである。旧憲法下の軍法会議がそうである。軍隊があれば軍法会議の必要性も生じるが、特別裁判所が禁じられていることによって、軍隊の存在も不可能となっている。家庭裁判所は特別の事件を扱うが、最高裁判所を筆頭とする通常裁判所の系列に属するので、76条で禁止される特別裁判所ではない。

(2) 行政機関による裁判
　行政機関は終審として裁判を行うことはできない（76条2項後段）。裁判所法が「前項の規定は、行政機関が前審として審判することを妨げない」（3条2項）と定めるように、前審として裁判できる。行政機関が裁判するといっても、これは行政裁判所のことをいうのではない。ドイツ流の行政裁判所はあくまで裁判所であり、日本国憲法流にいえば特別裁判所と理解できるものである。ここで問題とされているのはそのような裁判所ではなく、まさに行政機関

による裁判なのである。公正取引委員会、特許庁、海難審判所の「審決」や「審判」、各行政機関への異議申し立てに対する「決定」や審査請求の「裁決」など名称は様々であるが、これらはすべて裁判所法にいう前審としての審判である。これらの審判は前審であるから、不服な場合は裁判所に提訴することが認められなければならない。しかしそこで、行政機関が認定した事実に裁判所が拘束される場合がある。独占禁止法が「第77条第1項の規定する訴訟（審決取消の訴えのこと）については、公正取引委員会の認定した事実は、これを立証する実質的な証拠があるときには、裁判所を拘束する」（80条1項）としているのがこれにあたる。裁判は、事実の認定と、この認定された事実に対する法律の適用という過程からなるが、司法の中核を後者とみなして、前者については専門的知識のある行政機関の判断をもって裁判の事実認定とするという判断であろう。独占禁止法は「前項に規定する実質的な証拠の有無は、裁判所がこれを判断するものとする」（同条2項）という条件のもとで、この実質的証拠ルールを採用している。同様の規定は電波法にも存在する（99条）が多くはないのは、やはり終審としての裁判は事実の認定から行うべきという発想なのであろう。

（3）立法機関による裁判

　立法機関は前審としても裁判を行うことはできない。三権分立の当然の結果である。議員資格争訟の裁判（55条）や弾劾裁判所（64条）は憲法自身の定める例外である。後者は特別裁判所としても例外である。

3 最高裁判所

(1) 規則制定権

憲法77条1項は「最高裁判所は、訴訟に関する手続、弁護士、裁判所の内部規律及び司法事務処理に関する事項について、規則を定める権限を有する」と定める。この規則制定権は、権力分立の見地から国会や内閣に対して裁判所の独立性を確保すること、最高裁判所の司法府全体における統制権を強化すること、裁判所の専門性を尊重して実務上の細目を決定させること、などの理由により認められる。同条2項によれば「検察官は、最高裁判所の定める規則に従はなければならない。」また、3項は「最高裁判所は、下級裁判所に関する規則を定める権限を、下級裁判所に委任することができる」とする。

規則制定権の範囲は憲法の定めるとおり、訴訟に関する手続・弁護士・裁判所の内部規律・司法事務処理・の四事項に限られる。これら以外のことがらについて規則を定めることはできない。

これらのことがらのうち、訴訟に関する手続と弁護士については国会が法律を定めることもできる。現に民事訴訟法、刑事訴訟法、弁護士法が定められている。裁判所の内部規律と司法事務処理については、裁判所の自律権に関することがらであり、これを法律で定めると憲法で規則制定権を明記した意味がなくなる。従って、仮にこれらのことがらについて法律が制定されたとしても、効力があるのは規則である。刑事訴訟手続の基本原則など国民の権利義務にか

かわることがらは法律が優先する。これは憲法31条の要請でもある。

(2) 最高裁判所裁判官

憲法79条1項は「最高裁判所は、その長たる裁判官及び法律の定める員数のその他の裁判官でこれを構成し、その長たる裁判官以外の裁判官は、内閣でこれを任命する」と定める。裁判所法によれば長官以外の裁判官は14人であり（5条3項）、内閣が任命し（39条2項）、天皇が認証する（同条3項）。これらの裁判官は、識見の高い、法律の素養のある年齢40年以上の者の中から任命され、そのうち少なくとも10人は、10年以上所定の法律専門職の経歴を有する者でなければならない（41条）。

これら15人の裁判官は全員の合議体である大法廷、または5人ずつ振り分けられた小法廷で審理および裁判する（9条1項2項）。事件を大法廷と小法廷のどちらで取り扱うかは最高裁判所の判断による（10条）が、当事者の主張に基づいて、法律、命令、規則または処分が、憲法に適合するかしないかを判断するときで、意見が過去に大法廷でした、その法律などが憲法に適合するとの裁判と同じである時を除く場合（同条一号）、一号の場合を除いて、法律などが憲法に適合しないと認めるとき（同条二号）、憲法その他の法令の解釈適用について、意見が前に最高裁判所のした裁判に反するとき（同条三号）は、大法廷で裁判しなければならない。

憲法79条2項は「最高裁判所の裁判官の任命は、その任命後初めて行はれる衆議院議員総選挙の際国民の審査に付し、その後十年を経過した後初めて行はれる衆議院議員総選挙祭更に審査に付し、その後も同様とする」と定め、3項は「前項の場合において、投票

者の多数が裁判官の罷免を可とするときは、その裁判官は、罷免される」とし、4項は「審査に関する事項は、法律でこれを定める」としている。これは最高裁判所裁判官の国民審査といわれるもので、最高裁判所とその裁判官に国民による民主的コントロールを及ぼそうとするものである。最高裁判所裁判官国民審査法による審査の方法は、該当する裁判官の氏名を連記した投票用紙に×記入欄があり（14条）、罷免を可とする裁判官に×印を、そうでない裁判官には何も記入しないで投票する（15条）。このやり方では罷免を可としない票と、分からないあるいは棄権の票との区別がつかない。この制度をリコールとみて、罷免を可とする票以外はこれを可としない票と考えられるから、積極的に罷免を可とする場合に×をつける方法でよいと説明されることが多い。しかし、任命後に初めて行われる総選挙が任命後短い期間で行われる場合を考えると、解職理由となるような判決における意見などの資料が乏しいことも考えられる。そうするとこの制度はリコールではなく、任命の事後審査なのではないだろうか。そうであれば罷免を可とする裁判官に×、可としない裁判官に○、分からないあるいは棄権の場合は何も記入しないという方法の方が望ましいと思われる。

4 司法権の独立

　裁判所が職務を公正に行うことを確保するためには、司法権が他の政治権力から独立していることと、それを前提とする個々の裁判官の独立が必要である。

(1) 裁判官の職権上の独立

憲法76条3項は「すべて裁判官は、その良心に従ひ独立してその職権を行ひ、この憲法及び法律にのみ拘束される」と定める。これは裁判官の職権上の独立を保障したものである。ここで裁判官が従うべき「良心」とは何かについて、客観的な裁判官としての良心あるいは裁判官の職業倫理に従えという意味であるという考え方がある。客観的な「憲法及び法律」の意味を探れということなのであろう。これに対し、良心とは常に主観的なものであるとする考えからは、裁判官の主観的良心ととらえることになる。個人的な良心には、妊娠中絶に反対であったり、一夫多妻制を認めるべきだと考えていたり、離婚は許されないと考えているなどがあるだろう。このような主観的な良心、個人の道徳観のようなものに従って裁判をすることは、裁判を信頼できない危ういものにしてしまうことになる。かといって客観的な法律の意味などというものがあると考えたとしても、どうして裁判官によって結果が異なるのかを説明することは難しくなる。この「良心に従ひ」は客観的良心か主観的良心かという選択問題ではなく、公正な裁判を行うために、立法権や行政権、あるいは他の裁判官などからの影響を受けずに判断し、担当裁判官が法体系全体との調和を説明できる結論であることを、裁判関係者だけでなく国民全体に示すことができるよう振る舞うことを要求していると考えられる。

この職権上の独立を脅かす事例として次のようなものがある。旧憲法時代の「大津事件」（1891年）では、ロシアの皇太子に斬りつけた巡査を、法律をねじ曲げて死刑にするよう圧力をかけた政府に

抵抗して、大審院長児島惟謙が担当裁判官に法律どおりに判決するよう働きかけた。これは司法の独立を守った例として挙げられるが、大審院長の立場で担当裁判官に影響を与えたというもう一つの問題を提示している。

日本国憲法下においては、困窮苦のために子ども3名を殺し、自分は死にきれず自首した「浦和充子事件」（1949年）の懲役3年・執行猶予3年という浦和地方裁判所判決について、参議院法務委員会が調査し、量刑不当などに関する裁判官の評価を参議院議長に報告したことについて、最高裁判所が参議院議長に抗議したことがあった。

公判中に被告人・傍聴者らが朝鮮戦争犠牲者に黙祷したことを制止しなかった裁判官の訴訟指揮を、国会の裁判官訴追委員会が問題とした「吹田黙祷事件」（1953年）について、最高裁判所が裁判干渉の可能性になることを申し入れつつ、担当裁判官の訴訟指揮について「遺憾」とする通達（「法廷の威信について」）を出した。このことは、最高裁判所が国会の干渉から司法の独立を守りながら、担当裁判官の独立に影響を与えるかもしれない行動をとっていることに問題がある。

長沼事件の訴訟審理中に、担当裁判官である福島重雄裁判官に対して、札幌地方裁判所の平賀健太所長が、一定の論点について特定の判断をするようにとの書簡を送った「平賀書簡事件」（1969年）があった。平賀所長は注意処分を受け、東京高等裁判所判事に転出となった。これなどは先輩格裁判官からの圧力として、裁判所内部での裁判官の職権上の独立が脅かされる可能性を示している。

(2) 裁判官の身分保障

裁判官が職権上独立して職務を行うためには、裁判官の身分が保障されていなければならない。身分が不安定であれば、裁判官は公正な裁判よりも自分の地位を考えなければならなくなるからである。

憲法78条は「裁判官は、裁判により、心身の故障のために職務を執ることができないと決定された場合を除いては、公の弾劾によらなければ罷免されない。裁判官の懲戒処分は、行政機関がこれを行ふことはできない」と定める。裁判官が罷免されるのは、裁判による心身の故障を理由とした執務不可能の決定の場合と、弾劾裁判による場合に限られる。前者については裁判官分限法、後者については裁判官弾劾法に具体的手続が定められている。執務不可能の判断が裁判によってのみ行われるのは、立法府や行政府の政治的な思惑によって罷免されないためである。同じことは裁判官弾劾にもいえ、罷免理由は限定されている。

裁判官の懲戒は裁判所によって行われることになる。憲法上は行政機関だけが挙げられているが、立法機関による懲戒も許されないと理解されている。裁判所法は「裁判官は、職務上の義務に違反し、若しくは職務を怠り、又は品位を辱める行状があつたときは、別に法律で定めるところにより裁判によって懲戒される」(49条) としている。

また、憲法79条6項は「最高裁判所の裁判官は、すべて定期に相当額の報酬を受ける。この報酬は、在任中、これを減額することができない」とし、80条2項は下級裁判所裁判官について同様の内容を定めている。裁判官の判決の内容に政治的判断が働いて報酬

が減額されるなどというおそれがあると、裁判官の良心に影響し、公正な裁判が維持できなくなる可能性があるからである。

憲法80条1項は「下級裁判所の裁判官は、最高裁判所の指名した者の名簿によつて、内閣でこれを任命する。その裁判官は、任期を十年とし、再任されることができる。但し、法律の定める年齢に達した時には退官する」と定めるが、後段にある10年の任期が裁判官の身分保障について問題となる。法曹一元制ではなく職業裁判官制をとっている日本で、10年の任期をもって退任し、再任は新任の場合と同じと考えることは、裁判官の身分保障を極めて弱いものにしてしまうおそれがある。再任を希望する裁判官は、10年の任期後半には任命権者である内閣を意識して裁判を行うようになるかもしれない。それでは裁判の公正を欠いたといわれても弁解できない。この10年任期と再任の制度は、最高裁判所裁判官の国民審査と同様に、裁判に民主的コントロールを及ぼすことを目的としており、裁判官の任命責任を内閣にとらせようとするものである。しかし、但書にあるように「法律の定める年齢に達した時には退官する」裁判官は、「再任されることができる」のが常態であり、再任されることができないときにはその理由は本人に告知されなければならず、執務不能や弾劾事由になるような事項がない限り再任されなければならないと考えなければならない。宮本裁判官再任拒否事件（1971年）では、再任拒否理由は告知されず、「再任は新任と全く同じで、裁判官としてふさわしいか、ふさわしくないかは最高裁の裁判官会議が自由な裁量で定めること」であるとの最高裁判所事務総長の見解が示されたが、これなどは最高裁判所自体が司法の独立を理解していないことを示している。

5 違憲審査制

憲法81条は「最高裁判所は、一切の法律、命令、規則、又は処分が憲法に適合するかしないかを決定する権限を有する終審裁判所である」と定める。いわゆる違憲審査制を定める規定である。

(1) 付随的審査制と抽象的審査制

この違憲審査制は、大きく分けて二つの系統がある。アメリカ型付随的審査制とドイツ型抽象的審査制である。

付随的審査制では、具体的な事件を裁判所が審理する際に、適用法律の違憲性が問題となったときに当該通常裁判所によって行われるものである。違憲かどうかの判断は理由で示され、違憲判決である場合にはその効果は当該事件にのみ及ぶ（個別的効力）ことになる。ここでは、具体的な事件における個人の権利保障が目的と考えられている（私権保障型）。抽象的審査制では、具体的事件を必要とせず、違憲かどうかの判断は憲法裁判所が行う。その判断は主文で示され、違憲判決である場合にはその法律は廃止される（一般的効力）ことになる。ここでは、憲法秩序の維持が目的と考えられている（憲法保障型）。

しかし付随的審査制も憲法秩序維持のために機能しているといえるし、ドイツにおいても抽象的規範統制以外に、個人が公権力の基本権侵害を訴えることができる憲法異議、裁判所が審理中の事件における適用法律の違憲性の審査を憲法裁判所に求めることができる

具体的規範統制が認められているので、私権保障機能を有しているといえる。

(2) 日本国憲法における違憲審査

憲法81条で示された違憲審査制がどのようなものであるかは、警察予備隊違憲訴訟における最高裁判所の判決が示している。これは自衛隊の前身である警察予備隊設置および維持について、社会党を代表した原告が直接最高裁判所に違憲無効の訴えを提起したものである。これに先立つ判決で最高裁判所は81条を「米国憲法の解釈として樹立せられた違憲審査権を明文を持って規定したもの」（最大判1948/7/8）と述べたが、警察予備隊違憲訴訟では「わが裁判所が現行の制度上与えられているのは司法権を行う権限であり、そして司法権が発動するためには具体的な争訟事件が提起されることを必要とする。我が裁判所は具体的な争訟事件が提起されないのに将来を予想して憲法及びその他の法律命令等の解釈に対し存在する疑義論争に関し抽象的な判断を下すごとき権限を行い得るものではない」と述べ、「裁判所がかような具体的事件を離れて抽象的に法律命令等の合憲性を判断する権限を有するとの見解には、憲法上及び法令上何等の根拠も存しない」（最大判1952/10/8）として、付随的審査であることを明言した。

(3) 審査の方法

付随的審査制であるということは、「法律上の争訟」を解決するにあたって必要な限りにおいて違憲審査に踏み込むということになる。この「必要性原則」はアメリカ合衆国の1936年の判決でブラ

ンダイス裁判官によって提唱されたいわゆるブランダイスルールに由来する。このルールの第四準則は「憲法問題を含む論点と、含まない論点のどちらでも問題を解決できるのであれば、含まない論点の方で結論を導くべきである」というもので、第七準則は「①法律の解釈をするときに、憲法問題を避ける解釈ができればそうすべきであるし、②憲法問題に踏み込むとしても、限定的解釈によれば違憲の判断を避けることができるのであればそうすべきである」というものであった。第四準則と第七準則の①は憲法判断の回避といわれるものであり、第七準則の②は合憲限定解釈といわれるものである。

ⅰ) **憲法判断の回避**　憲法判断の回避が行われた裁判として恵庭事件札幌地方裁判所判決がある。自衛隊の訓練により被害を受けた牧場経営の兄弟が訓練用通信線を切断したことを、自衛隊法121条違反に問われた事件であった。兄弟側は自衛隊法を憲法9条や前文の趣旨に反し違憲無効であり、無罪であると主張した。裁判所は自衛隊法の憲法適合性の論点を避け、通信線を自衛隊法121条にいう「『その他の防衛の用に供する物』に該当しないものというのが相当である」と条文の解釈問題で決着をつけ、無罪の判決を導き出し、「被告人両名の行為について、自衛隊法121条の構成要件に該当しないとの結論に達した以上、もはや、弁護人ら指摘の憲法問題に関し、なんらの判断をおこなう必要がないのみならず、これをおこなうべきでもないのである」（札幌地判1967/3/29）とした。

　憲法判断の回避は最高裁判所によっては採用されていない。回避しないどころか、5月1日のメーデー記念集会のための広場使用不許可処分の取消を求めた皇居前広場事件で、日時の経過により訴訟

利益は消滅したとして請求を棄却しつつも、「なお、念のため」として当該不許可処分が憲法21条に反しないという判断を示したり（最大判1953/12/23）、朝日訴訟では上告人の死亡による養子の訴訟継承は不可であるから訴訟終了としつつも、「なお、念のため」として厚生大臣の裁量による生活保護基準が憲法25条に反しないという判断を示したりしている（最大判1967/5/24）。最高裁判所は憲法判断を回避せず合憲の判断を下すことには積極的である。

ⅱ）**合憲限定解釈**　合憲限定解釈の例としては、公務員の労働基本権規制と憲法28条の関係が争われた都教組事件が挙げられる。地方公務員のストライキ禁止規定とその煽り行為を処罰する規定について、最高裁判所は「すべて処罰する趣旨と解すべきものとすれば……公務員の労働基本権を保障した憲法の趣旨に反し、必要やむをえない限度をこえて争議行為を禁止し、かつ、必要最小限度にとどめなければならないとの要請を無視し、その限度をこえて刑罰の対象としているものとして、これらの規定は、いずれも違憲の疑いを免れない」としたうえで、「法律の規定は、可能なかぎり、憲法の精神にそくし、これと調和しうるよう、合理的に解釈されるべきものであって、この見地からすれば、これらの規定の表現にのみ拘泥して、直ちに違憲と断定する見解はとることができない」と述べた。そして、ストライキを違法性の強いものとそうでなく平穏に行われるものとに分け、あおり行為についても違法性の強いものとそうでなく「争議行為に通常随伴して行われる行為」とに分け、それぞれ前者のみが規制の対象となると、地方公務員法のストライキ及びあおり行為禁止規定を限定的に解釈し、この事件におけるこれらの行為には適用せず全員無罪とした（最大判1969/4/2）。

この合憲限定解釈は民主的正統性の強い立法府の制定した法律を生かしつつ、憲法上の権利保障にプラスの結論を導くという手法であるが、あらゆる場合に有効に機能するわけではない。表現の自由を規制する法律の場合、合憲限定解釈をしなければ合憲性を維持できないようなものは、言論活動に対する萎縮効果を危惧すべきで、文面無効の判断をすべきである。また刑罰法規は罪刑法定主義から何をすれば刑罰を受けるのかが明確でなければならないので、合憲限定解釈の余地はないように思われる。

ⅲ）**適用違憲**　憲法判断の回避や合憲限定解釈の余地がない場合には、適用違憲という手法がある。これは違憲の疑いのある法律の適用対象を限定する方法である。猿払事件における旭川地方裁判所の第一審判決がその典型である。これは政党のポスターを掲示した郵便局員が公務員の政治的行為の禁止に問われたものである。裁判所は「非管理職である現業公務員で、その職務内容が機械的労務の提供に止まるものが、勤務時間外に、国の施設を利用することなく、かつ職務を利用し、若しくはその公正を害する意図なしで行った人事院規則14－7、6項13号の行為で、且つ労働組合活動の一環として行われたと認められる所為に刑事罰を加えることをその適用の範囲内に予定している国公法110条1項19号は、このような行為に適用される限度において、行為に対する制裁としては、合理的にして最小限の域を超えたものと断ぜざるを得ない」と述べ、無罪判決を導いた（旭川地判1968/3/25）。

政治行為禁止規定そのものを違憲とするのではなく、この規定が禁止対象とする公務員を限定することにより、限定された範囲に入らない公務員に適用する限りにおいては違憲となるという手法であ

る。合憲限定解釈が法律の意味を解釈によって限定していくことにより、法律そのものを違憲とせずに無罪判決を導くものであったが、法律の規定が詳細で合憲限定解釈の余地のない場合に、同じ効果を持つ手法であるということができる。

法律そのものは合憲であっても、政府による運用が違憲であるとする運用違憲という手法がある。家永教科書第二次訴訟一審判決が、教科書検定という制度は合憲としながら、検定が執筆者の思想内容や学問成果など記述の中身に立ち入って行われたことは、憲法21条2項に反して違憲であると判断した（東京地判1970/7/17）のはこの手法にあたる。

(4) 立法事実

法律の違憲性が問題とされるときに、裁判において審理される事実は、結論を導くために必ず確定しなければならない「司法事実」、つまり、ポスターを掲示したのは誰であったか、検定の対象は何であったかなどと、その法律の成立と存続を支える社会的、経済的、文化的事実である「立法事実」とがある。ある規制措置の目的の正当性、規制の必要性、規制手段の相当性を裏付ける事実が存在していたかを検討し、もしそのような事実がなければ、その法律は不当な規制と評価され違憲の判断を受けることになる。この立法事実は、法律制定の時には存在していたとしても、裁判の時には消滅していることもある。その場合には、制定時には合憲であった法律も、裁判時には違憲ということになる。

先述の薬事法距離制限事件で最高裁判所が薬局の距離制限規制を、「主として国民の生命及び健康に対する危険の防止という消極

的、警察的目的のための規制措置であり、そこで考えられている薬局等の過当競争及び経営の不安定化の防止も、それ自体が目的ではなく、あくまでも不良医薬品の供給の防止のための手段に過ぎない」と述べたうえで、「薬局等の偏在―競争の激化－一部薬局等の経営の不安定―法規違反という因果関係に立つ不良医薬品の供給の危険が、薬局等の段階において、相当程度の規模で発生する可能性があるとすることは、単なる観念上の想定にすぎず、確実な根拠に基づく合理的な判断とは認めがたい」とし、「立法府の判断は、その合理的裁量の範囲を超えるものである」（最大判1975/4/30）という理由で違憲の判断を下したのは、立法事実を重要な論点とした例である。

(5) 違憲判決の効力

最高裁判所が法令違憲の判決を下したときの判決の効力について、一般的効力説と個別的効力説が対立している。一般的効力説は、違憲判決の結果違憲とされた法律の当該規定が失効すると考える。個別的効力説は、違憲判決を受けた法律は当該事件には適用されないと考える。抽象的審査制のもとでは、違憲判決は当然一般的効力をもつことになるが、付随的審査制のもとでは、個別的効力説が妥当だと考えられる。司法権の判断は裁判の当事者のみに及ぶものであり、また一般的効力を認めると、裁判所に消極的立法権を付与することにもなり、憲法41条の「唯一の立法機関」である国会の地位と整合しなくなるおそれがある。

最高裁判所による違憲判断を受けた法律は行政機関によって執行されないことはもちろん、判例の拘束力があることからすれば下級

審でこれと異なる判断をした場合には上告審で破棄されることになるという理由で「事実上の一般的効力説」と考えられることがある。しかし、個別的効力説は事実上も個別的効力説である。というのは個別効力説では、違憲判決のあと法典から削除されていない場合、最高裁判所の判例変更により過去に違憲判断を下された法律が息を吹き返すことができないわけではない。また、国会が当該違憲法律の改正あるいは廃止の手続きをとるというのが付随的審査制における違憲判決後の流れであろうが、国会は違憲の判決を受けた法律を廃止等せずに、違憲の根拠となった憲法の条文を改正することもできる。付随的審査制における違憲判断の効果は政治部門に委されているのである。

違憲判決の効果が過去に遡及するか否かという争いもある。法的安定性という観点からすれば、遡及効を認めない判断もあるが、刑罰法規の場合は遡及効を認めないと公平を欠く場合もある。そのような場合に遡及効を認めずに恩赦で対応するというやり方もできる。

違憲判決の効果を当該事件の当事者に及ぼさず、将来的に効力が発生する可能性を宣言する場合がある。衆議院の議員定数不均衡が問題となった判決（最大判1976/4/14）で、違憲としながらいわゆる事情判決法理を採用して選挙結果を無効としなかったのは、無効とすることによって生じる政治上の混乱を避けるためであるが、一定の期間に公職選挙法を改正して不均衡を是正しなければ、将来的には取り消すことがあることを示唆したものと考えることもできる。補足意見で一定期間経過後に無効の効果を生ずるとの判決を下すべきであるとの補足意見が付いたものもあった（最大判1985/7/17）。しかし、将来効判決は、法律上の争訟を解決するとい

う司法権の役割と付随的審査制の機能からすると、連発されると違憲審査制の意味が薄れていくので、例外的に行われるべきものであろう。

(6) 違憲審査の対象

憲法81条は違憲審査の対象を「一切の法律、命令、規則又は処分」としている。憲法の下位規範である国内法規範がすべて違憲審査の対象となることについて争いはない。

ⅰ) 条約　条約は違憲審査の対象となるかという問題に対し、憲法と条約の関係について条約優位説を採れば否定されることになる。しかし条約締結手続きが法律の制定よりも容易であることからすれば、条約の国内的効力が憲法より優位であるとはいえない。そこで憲法優位説を採ることになるのだが、それでも条約は違憲審査の対象とならないとする説もある。それは81条に条約が入ってないこと、98条1項にも条約は除かれており、2項で条約の誠実遵守が掲げられていることを理由とする。しかし、81条には条例も入ってないけれども条例が違憲審査の対象になることについて争いはないし、仮に81条がなかったとしても司法権の内容として違憲審査制は行使できるのがアメリカ流付随的審査制なので、81条と98条1項を理由とすることはできない。98条2項については、条約が外国との合意により成立するものなので、国際協調という意味から遵守すべきものであるが、違憲の効力は条約の国内法的効力であるから、その部分については国内問題であるということもできる。政府が平等を害するような条約、表現の自由やプライバシー権を損なうような条約を結んでしまったときに、それを遵守すべきと

いうことはいかなる意味においても正当化できないと思われる。

最高裁判所は日米安全保障条約の違憲性が問題となった砂川事件で、条約を「一見極めて明白に違憲無効であると認められない限りは、裁判所の司法審査権の範囲外」（最大判1959/12/16）のものであるとしたところをみると、条約を違憲審査の対象となると条件付で認めたものと思われる。

ⅱ）**立法不作為**　法律が違憲審査の対象となるのは当然であるが、憲法の文言によれば本来あるはずの法律が存在しない、つまり国会が必要な法律を制定しない立法不作為を違憲審査の対象とできるかという問題がある。社会権の分野では、25条を具体化する法律がない場合に、違憲確認訴訟ができるとする具体的権利説が提唱されている。

憲法37条1項の迅速な裁判を受ける権利を実現するための法律がないために、この権利が侵害されていることを訴えた高田事件で、最高裁判所は「審理の著しい遅延の結果、迅速な裁判をうける被告人の権利が害せられたと認められる異常な事態が生じた場合には、これに対処すべき具体的規定がなくても、もはや当該被告人に対する手続の続行を許さず、その審理を打ち切るという非常救済手段がとられるべき」として免訴というかたちで救済した（最大判1972/12/20）。

障害者の在宅投票制が廃止されたまま復活されないという立法不作為を理由として国家賠償を争った事件で、最高裁判所は「国会議員の立法行為は、本質的に政治的なものであって、その性質上法的規制の対象になじま」ないものとし、「立法の内容が憲法の一義的な文言に違反しているにもかかわらず国会があえて当該立法を行う

というごとき、容易に想定し難いような例外的な場合でない限り、国家賠償法1条1項の規定の適用上、違法の評価を受けない」と述べた（最大判1985/11/21）。最高裁判所は立法不作為を違憲審査の対象として具体的に争うことには消極的であった。この態度は、近年では在外邦人選挙権事件（最大判2005/9/14）で立法不作為の違憲判決を出していることから、修正されてきていると思われる。

(7) 司法積極主義と司法消極主義

日本の最高裁判所は、違憲審査において司法消極主義を採っているといわれることがある。ここでいう消極主義とは、違憲判断を避けることをいうのであろう。高度に政治的なことがらについては判断を避けてみたり、法律上の解釈で結論が導き出せるときには憲法判断しないといってみたりするし、また、違憲だといってしまえばよさそうなものを、解釈によって法律の意味を狭めてみたり、適用対象を狭めてみたりして、無理やり法令違憲を避けているようにも見える。憲法によって正当に賦与された権限の行使を躊躇しているように見えるこの煮え切らない態度を消極主義というならば、その根拠はどこにあるのか、そして積極主義ならば正しいのか。問題は立憲主義と民主主義の間で簡単に二者択一の答を出せることがらではない。

国家機関としての裁判所は、国民の選挙を経た人員からなっていないという意味で、民主主義からもっとも遠い機関である。民主主義的正統性を高いレベルで体現している国会は「国権の最高機関」であり「唯一の立法機関」としての機能を果たす。この民主的決定の結果である法律を、民主主義から遠い裁判所が積極的に違憲と判

断し無効という効果を生じさせてしまうことに躊躇するということは考えられる。しかし、国会議員は憲法の専門家でもないし、法学の専門家ですらない。彼らが決定した法律が必ずしも正解とも限らない。何が正しいかは分からないから、とりあえず多数者の決定に従っておき、もしそれが不都合であれば、未来の多数者が変更すればよいというのが民主的決定の帰結するところであろう。ところがそうのんびりと構えていられないことがらがある。多数者の決定である法律が上位規範である憲法と矛盾するときである。憲法に従って国家を運営していくという立憲主義は、憲法の専門家でもない国会議員によって破られてしまう可能性がある。その時にそれを是正して立憲主義を護る役割を、違憲審査権を行使することによって裁判所は果たすことになるのである。

　立憲主義を護るには積極主義か消極主義かということになる前に、何を護るかという話が必要と思われる。憲法があるとは権利が守られていることと権力が分立されていることだとフランス人権宣言はいった（16条）。人権保障と権力分立すなわち独裁ではないことが近代国家の前提であった。違憲審査制は、人権を護ることと、独裁国家にならないように民主的政治過程を護ることにあるともいえるだろう。

　そうすると違憲審査権を行使するときに、違憲性を主張されている法律が何に関するものなのかで裁判所の態度は異なることになる。違憲性が主張される法律は憲法上の権利を規制するものであることが通常である。財産権、職業選択の自由、表現の自由、信教の自由、法の下の平等などが、ある法律を適用されることによって侵害されることになる場合、その侵害から救済されることは当人に

とって重大なことがらであり、このようなときに裁判所の違憲審査権の出番となる。表現の自由や信教の自由など「人権」の規制が問題となるときには、裁判所は違憲判断を積極的に行使する方がよいだろう。しかし、財産権、職業選択の自由などは公共の福祉を実現するために規制した方がよい場合もある。これらは審査基準の違いとして反映されていることがらである。また、民主的政治過程について考えると、選挙権（とくに一票の格差）やマスメディアの権利などは厳格に審査されるべきである。

　憲法判断を積極的に行うことは、違憲判断を積極的に行うこととは別のことである。法律の解釈の問題で結論が導き出せるときに、憲法問題に踏み込んで合憲の判断をする場合があるからである。恵庭事件で、憲法問題に踏み込んで自衛隊合憲の判断をしたらどうなっていたかを想像してみるとよい。実は、日本の裁判所は憲法判断というレベルでは積極的主義と思われる。公務員の労働基本権を規制しても合憲と判断したり、選挙運動やデモンストレーションを規制しても合憲と判断したりすることによって、政治部門の判断にお墨付きを与えている。憲法問題に踏み込んだ方がいいか、踏み込まない方がいいかは一概に判断できる問題ではない。

　憲法問題に踏み込んだうえで違憲判断を積極的に行うことはどうだろうか。外国の例で恐縮だが、かつてアメリカ合衆国連邦最高裁の判決で、ニューヨーク州が労働時間を規制する法律をつくったところ、修正14条で保護されるべき契約の自由が不適正に制約されるものとして違憲判断が下ったことがある（ロックナー判決 Lochner v. New York, 198 U.S. 45(1905)）。これでは雇用主である経営者の権利は護られたのかもしれないが、経済的弱者であるはずの労働

者の権利は無視されている。これは違憲判決が人権保障に反対向きに作用することがあることの例として有名な事例である。

そうすると、憲法判断から違憲判断へ、そしてもう一つ人権判断へと進む必要がある。人権保護が立憲主義の最重要部分だとすれば、違憲審査制はこれに資するものでなければならない。裁判所の違憲審査権行使の結果、それが人権保護にどれくらいプラスに働いたかが評価されなければならない。恵庭事件では裁判所は憲法判断にすら入らなかったが、牧場経営者の権利は護られた。これが憲法判断に踏み込んで（憲法判断積極主義）合憲判断をすれば（違憲判断消極主義）、彼らの権利は護られなかったし、違憲判断をすれば（違憲判断積極主義）、控訴または上告審で統治行為の理論により同じ結果になったと思われる。憲法判断に踏み込まないことが実は裁判所の役割を果たすために重要であったことの例である。都教組事件では合憲限定解釈（違憲判断消極主義）により組合員の権利は護られたし、猿払事件一審判決では適用違憲（違憲判断消極主義）により郵便局員の権利は護られた。こうして考えてみると、憲法判断の積極・消極主義、違憲判断の積極・消極主義がそれぞれ人権保護積極・消極主義とどのような関係をもっているかを考慮に入れてこそ、司法積極主義・司法消極主義を語る意義はあるものと思われる。

また、民主的政治過程については日本の裁判所は司法積極主義の立場を通しているように見える。議会制という高度に政治的なことがらに関する問題であっても、選挙区の定数不均衡問題については違憲の判断を下しているからである。

6 裁判の公開

　憲法82条1項は「裁判の対審及び判決は、公開法廷でこれを行ふ」と定め、2項で「裁判所が、裁判官の全員の一致で公の秩序又は善良の風俗を害する虞があると決した場合には、対審は、公開しないでこれを行ふことができる。但し、政治犯罪、出版に関する犯罪又はこの憲法第三章で保障する国民の権利が問題となつている事件の対審は、常にこれを公開しなければならない」としている。

　裁判が公開されなければならないのは、公正な裁判と裁判への信頼を確保するために、常に裁判に対する批判が可能な状態に保たれていることが必要だと考えられるからである。非公開の秘密裁判によって、政府にとって都合の悪いと考えられる人々が抹消されてきた歴史の反省に立っているともいえる。

　対審とは、刑事裁判における公判、民事裁判における口頭弁論の手続きのことをいう。対審は非公開にすることができるが、裁判官全員の一致という厳しい要件が課されている。この条件の下でも政治犯罪、出版に関する犯罪、憲法上の権利が問題となっている事件については非公開にすることはできない。政治犯罪については先に述べたことがあてはまり、出版については表現という民主的政治過程とかかわる事項についての裁判だからである。憲法上の権利が問題となっている事件については、憲法の人権尊重原理からすれば当然のことである。

　非公開の理由は、個人のプライバシーや企業の秘密、職務上知り

得た秘密などが問題となる場合が考えられるが、これらを保護するというよりも、公開の法廷で行われるよりも、非公開の法廷で行われた方がより公正な裁判が可能となるという判断が期待されていると思われる。

　裁判の公開は一般に傍聴できることが要求されるが、さらに裁判を報道する自由が保障されている。公開原則は国民の知る権利を満たすものでなければならないからである。この点で、法廷でのメモが認められなかったことについて国家賠償が求められたレペタ訴訟において、最高裁判所は「傍聴人が法廷においてメモを取ることは、その見聞する裁判を認識、記憶するためになされるものである限り、尊重に値し、故なく妨げられてはならない」と理解を示したが、「筆記行為の自由は、憲法21条1項の規定によって直接保障されている表現の自由そのものとは異なるもの」と述べ、国家賠償を認めなかった（最大判1989/3/8）。裁判所において知る権利が狭くなっているように思われる。

第18章
地方自治

1 自治権の性格と「地方自治の本旨」

(1) 伝来説と固有権説

地方の自治権の存在にについては、ヨーロッパでは近代国家成立以前に中世の自治都市の発展という歴史過程があった。さらに遡れば、古代ギリシャのポリス（都市国家）の伝統があった。近代国家が中央集権国家として成立しても、この自治の伝統が地方自治として生き続けているのはそのような歴史の反映である。

この自治権の性格について、伝来説と固有権説がある。伝来説では、地方団体の自治は近代国家の強力な統治権から伝来するものであり、国家が政策的に承認したものであるから、国の立法政策によって定められるものである。しかし、この考え方は近代国家成立以前の自治の歴史を無視している。自治権は地方団体に固有の権能であり、個人が人権主体であるように、自治権は前国家的なものであり立法政策によってみだりに縮小されるようなことがあってはならないとする固有権説が正しい。

(2) 地方自治の本旨

憲法92条は「地方公共団体の組織及び運営に関する事項は、地方自治の本旨に基いて、法律でこれを定める」とする。ここでい

う「地方自治の本旨」とは団体自治と住民自治という二つの要素から成り立っているといわれる。団体自治は、地方の運営は国家から独立した自主的な地方団体によって行われるという理念であり、住民自治とは、このような地方団体がその構成員である住民の意思によって運営されるという理念である。憲法は、93条と95条で住民自治に、94条で団体自治に基づく原則を具体化している。

地方自治は、地域的に共通の行政問題に取り組むべく、明確ではなくとも地域的な共同体意識を有する住民が、自らの手で統治を行おうとする活動であるから、憲法でいう「地方公共団体」とは、地方自治法にいう「普通地方公共団体」つまり都道府県と市町村である（1条の3第2項）。特別区は「特別地方公共団体」であるが、地方自治法が「基礎的な地方公共団体」と位置付けている（281条の2第2項）。

2 地方自治の組織

（1）地方選挙

憲法93条1項は「地方公共団体には、法律の定めるところにより、その議事機関として議会を設置する」と定め、2項は「地方公共団体の長、その議会の議員及び法律の定めるその他の吏員は、その地方公共団体の住民が、直接これを選挙する」としている。議会の議員だけでなく、長なども選挙で選ばれることから、国政よりも直接民主制の度合いは強い。内閣総理大臣が国会の議決によって選ばれるのと比べて、地方自治は大統領制に近い。しかし、それぞれ

に民意を直接代表する長と議会の対立などがあった場合に、議会による長の不信任決議と長の議会解散権が地方自治法に定められている（178条）のは、議院内閣制国家らしい側面である。

　長と議員以外に「法律の定めるその他の吏員」も選挙で選ぶことができることになっている。かつては教育委員会の委員が選挙で選ばれていたが、1956年に廃止されてしまった。選挙で選ばれるべき吏員を必ずしも設置しなければならないというわけではないと理解されているようである。

(2) 住民

　長や議員などを選挙するのは「地方公共団体の住民」である。この住民とは、地方自治法の規定では「市町村の区域内に住所を有するものは、当該市町村及びこれを包括する都道府県の住民とする」（10条1項）となっており、ここには当然に外国人も含まれる。同法は「住民は、法律の定めるところにより、その属する普通地方公共団体の役務の提供をひとしく受ける権利を有し、その負担を分任する義務を負う」（同条2項）と定めるが、選挙権については「日本国民たる普通地方公共団体の住民は、この法律の定めるところにより、その属する普通地方公共団体の選挙に参与する権利を有する」（11条）として外国人を排除している。この点について最高裁判所は、日本に「在留する外国人のうちでも永住者であってその居住する区域の地方公共団体と特段に緊密な関係を持つに至ったと認められるものについて、法律をもって地方公共団体の長、その議会の議員等に対する選挙権を付与する措置を講ずること」が憲法上禁止されているわけではない（最判1995/2/28）と述べた。定住外国

人の地方参政権は立法政策の問題ということになるらしいが、憲法の住民自治および固有権説の立場からすると、住民である外国人の地方参政権は憲法の要請であるように思える。

(3) 地方における直接民主制

地方公共団体の組織には直接民主制的な制度が国の場合よりも多く導入されている。地方自治法によれば、条例の制定や改廃（74条）、事務の監査（75条）、議会の解散（76条）、議員（80条）・長（81条）・役員（86条）の解職などについて、住民による直接請求が認められている。議会の解散請求、議員・長の解職請求の場合には住民投票が行われるが、これは結果が法的拘束力をもつ拘束型住民投票といわれるものである。これ以外に、条例によって法的拘束力のない諮問型住民投票が近年行われるようになってきた。これは、住民の意思を長や議会などの決定に反映させようとするもので、原子力発電所建設、米軍基地縮小・受け入れ、産業廃棄物処分場建設などをめぐって行われてきた。

地方自治は「民主主義の学校」といわれることがある。地域的にも人的にも限定され、住民運動など政治参加が容易であり、自らに関係のある問題として住民の関心を引きつけることができるので、自分たちのことは自分たちで決めるという民主政治の理念が、国レベルよりもはるかに実現が容易である。しかも問題が住民に直接関連することがらであり、目に見える形で示されるものだけに、ポピュリズムに流されるおそれは国政ほど問題とならないと思われる。また、地域には地域の事情というか特性のようなものが存在するので、この特殊事情を理解するのは住民であるからこそ、その意

思が尊重されることになるのである。憲法95条が「一の地方公共団体のみに適用される特別法は、法律の定めるところによりその地方公共団体の住民の投票においてその過半数の同意を得なければ、国会は、これを制定することはできない」と定めるのは、この意味において理解できる。

3　地方自治体の権能

(1) 条例制定権

憲法94条は「地方公共団体は、その財産を管理し、事務を処理し、及び行政を執行する権能を有し、法律の範囲内で条例を制定することができる」と定める。かつて地方公共団体の事務は、本来自治体が行う自治事務の他に、国の事務で地方公共団体ではなくその長などの機関に委任された機関委任事務があった。これは担当機関が国の下請け機関として主務大臣などの指揮監督を受け、地方議会のコントロールも不十分で、条例制定もできない事務であった。そのため当時の地方自治は「三割自治」などとも呼ばれていた。

1999年の地方自治法改正により、地方公共団体の事務は自治事務（2条8項）と法定受託事務（2条9項）となり、地方公共団体の処理する事務はそのすべてが地方公共団体の事務であることになった。その結果として、法定受託事務にも条例制定権や議会の調査権が及ぶことになった。

この条例制定権であるが、憲法では「法律の範囲内で」制定できることとされているので、地方議会の制定する条例と国会の制定す

る法律の関係が問題とされる。この点について、地方自治法は「法令に違反しない限りにおいて」条例を制定できる旨規定している（14条1項）。法令とは法律と命令のことであるが、命令は執行命令と委任命令しか存在できず、行政府の発する法規範が地方自治体とはいえ議会の発する法規範に劣ると読めるこの規定は問題がないわけではない。この「法令」は憲法どおり「法律」との意味に理解すべきである。

(2) 横出し規制・上乗せ規制

　法律がなんらの規律もしていない事項について条例を定めることができるのは当然である。法律に違反する条例を制定することはできないが、何をもって法律に違反している、あるいは法律の範囲内でないと判断するかは、事例ごとに立ち入って検討しなければならない。これまですでに法律で規制されている事項について、条例でさらなる規制ができるかどうかということが問題となってきた。いわゆる「横出し規制」と「上乗せ規制」といわれるものである。前者は、すでに法律上の規制があることがらについて、規制対象以外のものをも規制することをいう。例えば、公害規制において法律では排出規制物質が「a・b・c」である時に、条例ではさらに「d」も規制対象にするような場合をいう。後者は、法律上の規制対象に関してより厳しい規制を行うことをいう。例えば排出規制物質「a」の規制濃度を法律よりも厳しく規制するような場合である。法律の規制が全国一律であるために、場合によっては地方の実情に合致しないことがある。その場合に、地方の実情に応じた規制を行うことは「地方自治の本旨」に添ったものということができる。逆に、そ

の地域の住民の健康や生活環境を守るためにより厳しい規制を行う条例を禁止するようなことは、「地方自治の本旨」に反するものである。

(3) 財産権と条例

憲法29条2項が財産権の内容を「法律でこれを定める」としていることとの整合性が問題となる。奈良県ため池条例事件で最高裁判所は「ため池の破損、決かいの原因となるため池の提とうの使用行為は、憲法でも、民法でも適法な財産権の行使として保障されていないものであって、憲法、民法の保障する財産権の行使の埒外にあるものというべく、従って、これらの行為を条例をもって禁止、処罰しても憲法および法律に抵触またはこれを逸脱するものとはいえない」（最大判1963/6/26）とした。地域の特殊事情と条例が地方議会により制定されるということを考え合わせると、積極的に解してよいと思われる。

(4) 地方税と条例

憲法84条が租税を「法律又は法律の定める条件による」としていることとはどうだろうか。地方課税権は「地方自治の本旨」を根拠に認められるものであろう。そこから当然条例制定権の対象となりうると考えてよい。地方税法が「地方団体は、この法律の定めるところによって地方税を賦課徴収することができる」（2条）とし、「地方団体は、その地方税の税目、課税客体、課税標準、税率その他賦課徴収について定をするには、当該地方団体の条例によらなければならない」（3条1項）と定めている。

(5) 条例と罰則

　条例で罰則を定めることはできるだろうか。憲法31条が「法律の定める手続きによらなければ」刑罰を科せられないことを定めている。最高裁判所は売春取締条例事件で、条例は「公選の議員をもって組織する地方公共団体の議会の議決を経て制定される自治立法であって、行政府の制定する命令等とは性質を異にし、むしろ国民の公選した議員をもって組織する国会の議決を経て制定される法律に類するものであるから、条例によって刑罰を定める場合には、法律の授権が相当な程度に具体的であり、限定されておればたりると解するのが正当である」（最大判1962/5/30）と述べた。地方自治法は「普通地方公共団体は、法令に特別の定めがあるものを除くほか、その条例中に、条例に違反した者に対し、二年以下の懲役若しくは禁固、百万円以下の罰金、拘留、科料若しくは没収の刑又は五万円以下の過料を科する旨の規定を設けることができる」（14条3項）とする。ただしこの判決が依拠した地方自治法旧2条3項の事務の例示が現行法には存在しないので、それでも条例による罰則が憲法31条違反ではないというには、憲法73条6号の政令とは異なって、条例が公選の議員からなる地方議会の議決で制定されるものであることを強調しておく必要があるだろう。

第19章
憲法改正

1 憲法改正とはなにか

(1) 改正手続

　憲法96条1項は「この憲法の改正は、各議院の総議員の三分の二以上の賛成で、国会がこれを発議し、国民に提案してその承認を経なければならない。この承認には、特別の国民投票又は国会の定める選挙の際行はれる投票において、その過半数の賛成を必要とする」と定める。憲法の改正とは、憲法に規定された改正手続に従って、憲法の条文を修正したり、廃止したり、追加したりすることをいう。新憲法の制定とは区別されなければならない。

　憲法の改正手続きは、発案、審議、発議、承認、公布という手順で行われる。発案は衆議院または参議院に憲法改正案が提出されることである。発案は各議院の議員によって行われる。国会法では「議員が日本国憲法の改正案の原案を発議するには、第56条第1項の規定にかかわらず、衆議院においては議員百人以上、参議院においては議員五十人以上の賛成を要する」(68条の2)と定めている。内閣の発案権はないと考えるべきである。憲法99条の憲法尊重擁護義務を負っている内閣が憲法改正の発案権を行使できると考えるわけにはいかない。同じ義務を国会議員も負っているが、憲法96条が総議員の三分の二以上の賛成という国会の発議権を定めている

ことから、国会議員にのみ発案権があると理解される。内閣総理大臣と過半数の国務大臣が国会議員でなければならないため、内閣に発案権がないとしても、大臣が議員としての資格で発案できるとする説もあるが、大臣であるところの議員は発案権行使を否定されていると考えるべきである。

審議は法律案などの審議と同様に行われ、改正案の可決をもって発議されたものとする（国会法68条の5第1項）。この最終的な可決には各議院で総議員の3分の2以上の賛成を要する。衆議院の優越はない。総議員とは現在議員数ではなく定数のことをいう。現在議員数説は欠員数が反対投票に数えられることの不合理性を理由にするが、定数説は数を一定にすることにより改正議決を厳格にしておくことが重要であるとし、改憲賛成派議員が出席議員の三分の二以上の多数により反対派議員を除名して改正を容易にするという不合理を避けられるからであるとする。憲法改正という事柄の重大さからすれば、定数説が正しいだろう。

承認は国民投票による。憲法改正手続法によれば、投票総数は憲法改正案に対する賛成の投票数と反対の投票数を合計したものと理解されているので、投票者総数ではなく有効投票総数のことである。これも事柄の重大さから考えれば、投票者総数と考えた方がよかったのではないかと思われる。

公布は憲法7条1号により、天皇の国事行為として行われる。

(2) 硬性憲法

憲法の改正に関する規定において、法律が通常過半数で可決成立するのに対して、これよりも厳しい手続きでなければ改正できないことになっている場合、これを硬性憲法という。法律と同様の手続

きで改正できる憲法を軟性憲法と呼ぶことになる。日本国憲法の改正規定である96条は、改正の発議に「三分の二以上の賛成」という特別多数を定めているので、硬性憲法ということになる。

　立憲主義は、政府を構成する多数派の権力を憲法で拘束し、その時々の政治的多数派の権力が少数派の権利を侵害することのないよう、政府の存在形態と政府の行為の限界を定めておくという理念である。権力分立と権利保障が憲法の最低限の内容であるといわれる所以である（フランス人権宣言16条）。これに対して民主主義は、国家の行き方を一部の者だけではなく構成員みんなで決めようという、そして討論の結果、多数が納得する結論に従って進めようという理念である。この多数の納得する結論が正しいかどうかは分からない。一人あるいは僅かの人々の結論に従うよりはましであろうという予測に従って決定しただけである。この民主的決定は時々完全に間違ってしまうこともあるはずである。そのとき無視されたり軽視されたりするのはいつも少数派である。そこで少数派が不当な不利益に甘んじなければならないことがないように、憲法が定められているのである。このように考えると、民主主義は多数派の論理で、立憲主義は少数派の論理であることが分かる。

　法律は民主主義の論理に従って制定される。法律案を可決するのも否決するのも過半数で決定される。つまり多数派の決定に従うことになる。それに対して憲法は立憲主義そのものを体現するものであるから、憲法改正案を可決するには特別多数が必要になる。これは少し分かりにくいが、否決するには特別少数でよいと言い換えれば少しは分かりやすくなると思われる。日本国憲法の改正案を否決するには三分の一より多ければよいわけである。少数派を多数派の

権力から守るためには、少数派に力を与えなければならない。それが憲法改正否決権として現れているのが硬性憲法なのである。こう考えると軟性憲法というものが本来の憲法から離れているようにも見えるのである。

　このことから憲法96条のような改正規定は改正できないと考えられるのは、立憲主義の当然の帰結である。改正規定を改正して法律と同様に過半数で改正できるようにしてしまえば、単に改正のハードルが下がるというだけでなく、憲法に多数派の論理を持ち込むことになり、立憲主義そのものが危機に陥るのである。

　憲法改正規定の改正が許されないこととよく似ているが、憲法典の中に改正を不可とする条文が置かれることがある。例えば、ドイツのボン基本法79条3項は「この基本法の変更により、連邦の諸ラントによる編成、立法の際の諸ラントによる協力の原則、または、1条および20条に掲げられた基本原則に触れることは許されない」と定める。この1条の原則とは「人間の尊厳・人権・基本権」であり、20条の原則とは「民主的社会的連邦国家・権力分立・抵抗権」である。またフランス第五共和国憲法89条5項は「共和政体は改正の対象となることはできない」と定めている。

　このような改正制限規定が存在しない場合にも、憲法改正には限界があるかということが次の検討課題である。

2 憲法改正の限界

(1) 憲法制定権力

ある国家学説によれば、「憲法を制定する権力」と「憲法によって制定された権力」というものがある。主権者が誰なのかという議論は、この憲法を制定する権力つまり「憲法制定権力」は誰にあるのかということとほぼ同じである。ここにいう「憲法」は実質的意味の憲法のことであり、国王が決定権者であれば国王主権であり、国民が決定権者であれば国民主権である。そして、まずこの憲法制定権力が根本決定を行わなければならない。この根本決定を「憲法Verfassunng」と呼ぶ用語法がある。そして根本決定に基づいて今度は形式的意味の憲法が制定されることになる。これを「憲法典Verfassunngusgesetz」と呼ぶ用語法がある。この憲法典の中に、立法権、行政権、司法権、地方自治権、憲法改正権などの権力があり、これらが憲法によって制定された権力である。

(2) 憲法改正権と根本決定

憲法改正権は憲法典の枠の中に存在する権力であるから、この枠を乗り越えて行使されることはできない。枠を乗り越えた先にあるのは、根本決定である「憲法」や憲法制定権力である。憲法制定権力が国民であるとすれば、憲法典のどこかにこのことが明記されているはずである。そして根本決定も憲法典のどこかに存在している。それは、人権尊重であったり、権力分立、民主主義、平和主義、

共和政体、福祉国家などであったりする。これが変更されてしまえば、それはもはやその国ではないというような国家の根本的な決定事項である。憲法改正権はこれらの事柄に触れない限りで行使されなければならないのである。これが憲法改正には限界があるということである。

日本国憲法前文1項が「これに反する一切の憲法」を排除すると述べているのは、この憲法の改正には限界があることを、明文で述べているのである。

3 憲法の変遷

(1) 憲法の変遷とは何か

憲法の条文に何らかの変更を加える憲法改正とは異なって、改正手続きを経ることなく、法律制定、判決、政治部門の行為、慣習その他の客観的事情の変更により、憲法の条文のもつ意味が変化することを「憲法の変遷」という。この条文の意味の変化は、解釈の変化の意味で使われることもある。例えば、25条の規定を国家の努力目標と解釈していたのを、抽象的権利として理解するようになるとか、これに「環境権」というものを読み込むとか、21条を「知る権利」の根拠とする、13条を新しい権利の根拠条文と解してプライバシー権を読み込むなどということがある。

しかし、憲法改正と並んでこの憲法の変遷が取り上げられるときは、条文に変更は加えられていないけれども、改正されたのと同じ法的効果を生じるような意味の変化をいうことになる。従来与えら

れていて意味と異なる意味が社会的規範意識により支持されるに至ったときにこの憲法の変遷が生じるといわれるが、それまでの憲法のある条文の意味と異なる政府の行為が反復して行われ、国民がこれを承認していると思われるような現実が存在し、学説もこれを認めるに至ったようなときのことであろう。

(2) 規範と現実の不一致

1980年に有力学説が「わが国が実質的に戦力を備えてから約30年を経過しており、世論調査の結果によると、防衛問題に関する国民の規範意識の変化がみられる」として憲法9条の意味の変遷を説いたものがあった（橋本公亘『日本国憲法』）。しかし、多くの学説はこれを認めてはおらず、このような場合には憲法の変遷は認められないといわなければならない。変遷にまでは至らない「規範と現実の不一致」が存在するというところである。

憲法の変遷が生じるには、議会による立法、内閣の行為、裁判所の判決、社会的事情の変更があるかと思われるが、議会の立法行為については裁判所の違憲審査権が対応することになるので、憲法の意味と矛盾する法律は違憲無効になるはずだから、立法による憲法の変遷は不可能である。内閣には憲法尊重擁護義務からして憲法の意味に反する行為を行うこと自体が不可能で、もし行ったとすればやはり裁判所の違憲審査権、あるいは衆議院による内閣不信任決議によるコントロールを受けることになるから、やはり憲法の変遷は不可能である。裁判所の判決や事情の変更に対応するのは、憲法の変遷ではなく、憲法解釈の変化であろう。裁判所が刑法の尊属殺人規定を憲法14条に反しないとしていたものを違憲に判例変更す

ることや、公害問題の深刻化という社会的事情の変更により、憲法13条あるいは25条の意味として「環境権」を読み込むなどということは、何も憲法の変遷という概念を呼び起こさなくとも、憲法解釈の変化という説明で済むことがらである。

　このように考えると、憲法の変動は、憲法改正手続きによるものだけであり、憲法の変遷という概念を認めず、憲法解釈の変化と「規範と現実の不一致」の問題に留意すればよいものと思われる。

第20章
最高法規

1 憲法の最高法規性

(1) 人権と最高法規

憲法97条は「この憲法が日本国民に保障する基本的人権は、人類の多年にわたる自由獲得の努力の成果であつて、これらの権利は、過去幾多の試練に堪へ、現在及び将来の国民に対し、侵すことのできない永久の権利として信託されたものである」とする。日本国憲法の第十章最高法規の最初の条文にこのような規定をもってきたのは、人権を実現することが「この憲法」の最高法規であることの根本理由であることを宣言することと同時に、過去の人々の努力の結果である人権を、過去の人々がそうしたように、現在の国民が将来の国民に引き継がなければならないことを示すためである。これを受けて憲法98条1項は「この憲法は、国の最高法規であつて、その条規に反する法律、命令、詔勅及び国務に関するその他の行為の全部又は一部は、その効力を有しない」と定める。

硬性憲法であることは、当然に最高法規であることを意味する。ここでいう「この憲法」とは日本国憲法という形式的意味における憲法、法典としての憲法であり、実質的意味の憲法ではない。実質的意味の憲法と考えると、政府による憲法実践の積み重ねとしての憲法慣習、あるいは憲法的法律など、法典としての憲法以外のもの

も入ってくることになる。「この憲法」を形式的意味の憲法、すなわち憲法典である「日本国憲法」に限定することにより、政治権力に対する枠としての力は強まることになるのである。

また、この憲法が施行された時期には、旧憲法下の法令が有効に存在しており、これらの中で、この憲法の「条規に反する」法律などの「全部又は一部」がその効力を有しないことになることを宣言したものでもある。

(2) 国際協調主義

憲法98条2項は「日本国が締結した条約及び確立された国際法規は、これを誠実に遵守することを必要とする」と述べる。これをもって国際法優位と考えたり、条約は違憲審査の対象とならないと考えたりする場合もあるが、これは国際協調主義について述べたものであり、日本が国際社会において独善的な行動をしないことを宣言したものと考えられる。砂川判決以来、この条文は日米安保条約との関係で言及されることが多いが、この憲法が制定された当時、そのような軍事条約の締結は考えられていなかったといってよい。不戦条約、捕虜虐待禁止というようなものが意識されていたはずである。そう理解することが憲法前文の「いづれの国家も、自国のことのみに専念して他国を無視してはならない」という理念に合致する。世界人権宣言、国連人権規約、女性差別撤廃条約、人種差別撤廃条約、子どもの権利条約、その他の日本国憲法と合致する条約や国際法規が前提となっており、憲法適合性を問題とされるような条約を締結する可能性はないものと考えられていたのではないだろうか。

2 憲法上の憲法保障

(1) 憲法尊重擁護義務

憲法99条は「天皇又は摂政及び国務大臣、国会議員、裁判官その他の公務員は、この憲法を尊重し擁護する義務を負ふ」とする。最高法規である憲法は、憲法自身を確保する手段を備えていることが普通である。これを憲法保障といっている。この規定は、公務員の憲法尊重擁護義務といわれ、憲法を運用する側に立っているものにこの義務を負わせることによって、憲法破壊が行われないようにしているのである。ここに国民が含まれていないことは、立憲主義の性格をよく表している。国家機関の権力行使の枠を設定し、国民が国家権力の行使者に守らせることが立憲主義の眼目であったことからすれば、これは当然のことである。国民が個人として尊重され、その自由が守られ、権利が確保されるためには、権力行使者である公務員が憲法を尊重し擁護する義務を負うのでなければならない。

(2) 違憲審査制

憲法上の憲法保障として、違憲審査制は重要である。憲法を尊重し擁護する義務を負っている裁判官に、法律などの憲法適合性を判断する権限を与えている。そこで保障される憲法は、その意味を裁判所によって解釈された憲法である。あるアメリカ合衆国最高裁判所長官が言った「憲法とは、裁判官が、これが憲法だと言ったものである」というのは、憲法解釈者としての裁判官の矜持を明確にし

ているものと理解できる。憲法の解釈権を持つ裁判官が憲法適合性を判断するときに、憲法擁護者であるということをどれだけ意識するかが、違憲審査制が憲法保障としてどれほど機能するかを左右する。

3 非常手段的憲法保障

　非常手段的というのは、日本国憲法の条文上明確にされてはいないが、憲法保障の理論の中に含まれてきたもので、憲法上の非常事態が生じたときに発動するものをいう。抵抗権と国家緊急権がある。

(1) 抵抗権
　抵抗権は、政府が憲法秩序を破壊しようとしているときに、様々な手段によりこれに抵抗する国民の権利である。合法的手段によるときもあれば違法な手段によるときもある。

　絶対王政末期に圧制に対する抵抗というかたちで市民革命を導いた自然法上の抵抗権とは異なり、この抵抗権は所与の体制である憲法秩序を回復しようとする意味で、保守的な色合いを持つものである。前者は、既存の体制を転覆させて新たな体制を構築しようとする革命権を意味するのに対して、後者は現在の体制を破壊しようとする政府に抵抗して当該体制を守ろうとするものだからである。

　日本国憲法12条が「国民の不断の努力」により自由と権利を保持すべきことを謳っているのは、抵抗権の発想をこの憲法も持っていることを意味している。ポポロ事件東京地方裁判所判決が「官憲

の違法行為を目前に見て徒に座視し、これに対する適切な反抗と抗議の手段を尽さないことは、自ら自由を廃棄することにもなる」（東京地判1954/5/11）と述べているところにも抵抗権の発想を見て取れる。

抵抗権を実定憲法の条文の中に規定したものと理解されるものに、ボン基本法20条4項がある。そこでは「この（憲法）秩序を排除することを企てるすべての人に対して抵抗する権利を、他の救済手段が可能でない場合には、すべてのドイツ人が有している」と述べられている。これはその前にある18条が、表現の自由などの基本権を「自由で民主的な基本秩序に敵対するために濫用するものはこれらの基本権を喪失する」と定めることに明文化されることになる、いわゆる「たたかう民主制」の発想と合わせて理解する必要がある。20条は政府をこえて「すべての人」に対して抵抗する権利を保障しているが、これは抵抗権の拡大として理解されるものではなく、本来の抵抗権とは異なるものをいっている。ナチス体験を持つドイツが、過去の経験から「自由の敵に自由を与えない」という行き方をとったからこそ、すべてのドイツ人が政府に対してだけでなく、秩序に敵対する「すべての人」に対して抵抗する権利が必要になるのである。

(2) 国家緊急権

抵抗権と反対向きの憲法保障として国家緊急権の問題にも言及しておかなければならない。国家緊急権とは、憲法秩序が危機的状況になったと政府が判断したときに、政府が一時的に憲法を緊急停止して、その間に憲法秩序の回復を試みる権限のことをいう。憲法停

止であるから、表現の自由、集会の自由、結社の自由などが一時的になくなってしまうのである。「危機的状況」にそのような自由を保障している暇はない。

　国家緊急権を憲法条文化したものとしてあまりに有名なのは、ワイマール憲法48条の大統領非常権限規定である。これは2項で「ドイツ国内において、公共の安全及び秩序に著しい障害が生じ、またはそのおそれがあるときには、ライヒ大統領（連邦大統領のこと）は、公共の安全及び秩序を回復するために必要な措置をとることができ、場合によっては武装兵力を用いて介入することができる」とし、このために身体の自由、住居の不可侵、信書通信の秘密、集会・結社・表現の自由、所有権などの基本権を停止することができることになっていた。憲法の秩序を保障するための規定が、ナチスに最大限に利用され、民主的憲法であったはずのワイマール憲法が亡きものとされてしまったのであった。

　日本国憲法に国家緊急権の規定がないことは、かつての同盟国の民主的憲法の結末を見据えてのことかもしれない。大日本帝国憲法においては8条が「天皇ハ公共ノ安全ヲ保持シ又ハ其ノ災厄ヲ避クル為緊急ノ必要ニ由リ帝国議会閉会ノ場合ニ於テ法律ニ代ルヘキ勅令ヲ発ス」と定め、14条1項が「天皇ハ戒厳ヲ宣告ス」とし、31条では「本章ニ掲ケタル条規ハ（臣民の権利のこと）戦時又ハ国家事変ノ場合ニ於テ天皇大権ノ試行ヲ妨クルコトナシ」とするように、「非常事態」おける国家緊急権発動の根拠となる条文を置いていた。これらが戦前日本社会に与えた負の遺産を相続しないよう、日本国憲法は国家緊急権を否定していると考えるべきであろう。日本国憲法下において、緊急事態に対応するとされる法律の制定と運

用には十分注意する必要がある。

事項索引

あ
曖昧故の無効　91
アクセス権　107
新しい権利　53, 55
家　125
萎縮効果　91
一般的効力　249, 255
一般的自由　53
委任命令　231
上乗せ規制　270
運用違憲　254
LRA 基準　97, 122
LGBT　71
大きな政府　32
大津事件　245

か
会期不継続の原則　205
過度に広汎故の無効　91
環境権　55, 62
間接適用説　45, 48
完全補償説　136
機会の平等　71
客観訴訟　235
教科書検定　166
教養と財産　181
切り札としての人権　34
均衡本質説　223
近代的意味の憲法　2
具体的権利説　156
君主　11
警察予備隊　26
形式的意味の憲法　1
刑事免責　172
契約自由の原則　31, 129, 154, 170
結果の平等　71
検閲　88, 89
厳格な合理性基準　122, 132
元首　12
憲法判断の回避　251
憲法保障型　249
憲法優位説　257
合憲限定解釈　252
控除説　218
硬性憲法　274
合理性基準　122, 132
合理的区別　69
国際貢献　18
告知・聴聞の権利　141
国民の教育権　166
個人のアイデンティティー　85
個人の尊厳　126

個人の尊重　54
国会単独立法原則　194
国会中心立法原則　194
国家からの自由　120
国家による自由　120
国家の教育権　167
個別的効力　249, 255

さ

罪刑法定主義　152
差止　90
自衛権　23
自衛力　23
私権保障型　249
自己決定権　55, 56
事情判決　182
事情判決法理　256
自然権　33
思想の自由市場　87, 100, 101, 102
執行命令　231
実質的意味の憲法　1
実質的証拠ルール　241
社会国家的公共の福祉　36
社会的権力　45, 48
宗教的中立性　77, 78, 79
自由国家的公共の福祉　36
住民自治　266
住民投票　268
取材源の秘匿　103
消極目的規制　122, 132
肖像権　60
条約優位説　257

将来効判決　256
知る権利　51, 55, 102, 105, 106, 207, 212, 264
人格的自律　53
state action　49
政教分離　78
政治スト　173
性的マイノリティー　125
責任本質説　223
積極的差別是正措置　71
積極目的規制　122, 123, 132
相対的平等　65
相当補償説　136

た

第四の権力　107
代表なければ課税なし　213
たたかう民主制　285
団結強制　172
団体自治　266
小さな政府　32, 129
中間団体　30, 47
抽象的権利説　156, 159
長時間低賃金労働　32
直接適用説　46, 48
適正な法の手続き　139
適用違憲　50, 253
天皇機関説　5
統治行為　237, 238, 239
同輩中の主席　220
投票価値の平等　72
特別権力関係　49
独立権能説　211

な

内在的制約　38
ナシオン主権　196
二重の基準　87
二重の絞り　176
人間裁判　157

は

八月革命説　8
パブリックフォーラム　97, 98, 99
一人にしておいてもらう権利　56, 57
福祉国家　3, 32
不当労働行為　172, 173
プープル主権　197
部分社会法理　236
プライバシー権　55
ブランダイスルール　251
プログラム規定説　155, 159
プロパティ　131
文面無効　90
平和維持活動　27
平和的生存権　24
ヘビアス・コーパス　145
便宜供与　76
法規　193
法適用の平等　66
法内容の平等　66
法律上の争訟　234
補助的権能説　211
ポツダム宣言　5, 8, 9
ボン基本法　43, 126

ま

マッカーサー三原則　6
見えざる手　31, 129
宮本裁判官再任拒否事件　248
ミランダ告知　150
民事免責　172
民主主義の学校　268
民主的政治過程の確保　84
明白かつさし迫った危険　92, 95
名誉権　61
目的効果基準　80

や

夜警国家　3, 32, 129
優越的地位　86, 87
ユニオン・ショップ　172
横出し規制　270

ら

立憲的意味の憲法　2
立法事実　254
レモンテスト　82

判例索引

最大判 1948（昭 23）7,8 刑集 2,8,801 ················· 250
最大判 1948（昭 23）9,29 刑集 2,10,1235 食糧管理法事件 ············ 155
最大判 1950（昭 25）11,15 刑集 4,11,2257 山田鉱業事件 ············ 174
最大判 1952（昭 27）10,8 民集 6,9,783 警察予備隊違憲訴訟 ········· 25, 250
最大判 1953（昭 28）12,23 民集 7,13,1523 農地改革事件 ········ 135, 136
最大判 1953（昭 28）12,23 民集 7,13,1561 皇居前広場事件 ······· 251, 252
東京地判 1954（昭 29）5,11 判時 26,3 ポポロ事件一審 ··········· 284, 285
最大判 1954（昭 29）11,24 刑集 8,11,1866 新潟県公安条例事件 ········· 99
最大判 1956（昭 31）7,4 民集 10,7,785 謝罪広告事件 ·················· 74
最大判 1957（昭 32）3,13 刑集 11,3,997 チャタレー裁判 ············· 92
最大判 1958（昭 33）9,10 民集 12,13,1969 帆足計事件 ········ 123, 124
東京地判 1959（昭 34）3,30 下刑 1,3,776 砂川事件一審 ············ 25
最大判 1959（昭 34）12,16 刑集 13,13,3225 砂川事件 ······· 25, 238, 258
最大判 1960（昭 35）6,8 民集 14,7,1206 苫米地事件 ················ 238
最大判 1960（昭 35）7,20 刑集 14,9,1243 東京都公安条例事件 ········ 100
最大判 1960（昭 35）10,19 民集 14,12,2633 村議会出席停止事件 ······ 236
東京地判 1960（昭 35）10,19 行集 11,10,2921 朝日訴訟一審 ········· 158
最大判 1961（昭 36）2,15 刑集 15,2,347 あん摩師等広告事件 ········ 96
最大判 1962（昭 37）5,30 刑集 16,5,557 売春取締条例事件 ·········· 272
最大判 1962（昭 37）11,28 刑集 16,11,1593 第三者所有物没収事件 ····· 141
最大判 1963（昭 38）5,15 刑集 17,4,302 加持祈祷事件 ············· 76
最大判 1963（昭 38）5,22 刑集 17,4,370 ポポロ事件 ·············· 116
最大判 1963（昭 38）6,26 刑集 17,5,521 奈良県ため池条例事件 ······· 271
東京高判 1963（昭 38）11,4 行集 14,11,1963 朝日訴訟二審 ········· 158
東京地判 1964（昭 39）9,28 下民 15,9,2317 宴のあと事件 ··········· 57
大阪高判 1966（昭 41）2,26 高刑 19,1,58 ······················ 112
最大判 1966（昭 41）10,26 刑集 20,8,901 全逓東京中郵事件 ········· 175

札幌地判 1967（昭42）3,29 下刑 9,3,359 恵庭事件 ················· 25, 251
最大判 1967（昭42）5,24 民集 21,5,1043 朝日訴訟 ·············· 158, 159, 252
旭川地判 1968（昭43）3,25 下刑 10,3,293 猿払事件一審 ············ 50, 253
東京地判 1968（昭43）7,15 行集 19,7,1196 牧野事件 ···················· 161
最大判 1968（昭43）12,4 刑集 22,13,1425 三井美唄労組事件 ············ 173
最大判 1969（昭44）4,2 刑集 23,5,305 都教組事件 ················ 176, 252
最大判 1969（昭44）4,2 刑集 23,5,685 全司法仙台事件 ················· 176
最大判 1969（昭44）6,25 刑集 23,7,975 夕刊和歌山時事事件 ·········· 61, 95
最大判 1969（昭44）10,15 刑集 23,10,1239 悪徳の栄え事件 ·············· 92
最決 1969（昭44）11,26 刑集 23,11,1490 博多駅TVフィルム事件 ········ 104
最大判 1969（昭44）12,24 刑集 23,12,1625 京都府学連デモ事件 ············ 60
最大判 1970（昭45）6,24 民集 24,6,625 八幡製鉄政治献金事件 ············ 42
東京地判 1970（昭45）7,17 行集 21,7,別冊1 第二次家永訴訟一審 ···· 166, 255
最大判 1970（昭45）9,16 民集 24,10,1410 未決拘禁者喫煙禁止訴訟 ········ 51
最大判 1972（昭47）11,22 刑集 26,9,554 川崎民商事件 ············ 146, 150
最大判 1972（昭47）11,22 刑集 26,9,586 小売市場事件 ············· 120, 121
最大判 1972（昭47）12,20 刑集 26,10,631 高田事件 ··············· 148, 258
最大判 1973（昭48）4,4 刑集 27,3,265 尊属殺重罰規定違憲判決 ············ 67
最大判 1973（昭48）4,25 刑集 27,4,547 全農林警職法事件 ············ 176, 177
札幌地判 1973（昭48）9,7 判時 712,24 長沼事件一審 ····················· 25
最判 1973（昭48）10,18 民集 27,9,1210 倉吉土地収用事件 ················ 137
最大判 1973（昭48）12,12 民集 27,11,1536 三菱樹脂事件 ········ 46, 70, 75
東京地判 1974（昭49）7,16 判時 751,47 第一次家永訴訟一審 ······· 166, 167
最大判 1974（昭49）11,6 刑集 28,9,393 猿払事件 ······················ 50
神戸簡判 1975（昭50）2,20 判時 768,3 牧会活動事件 ···················· 76
最大判 1975（昭50）4,30 民集 29,4,572 薬事法距離制限事件 ···· 121, 122, 254, 255
最大判 1975（昭50）9,10 刑集 29,8,489 徳島市公安条例事件 ············· 100
大阪高判 1975（昭50）11,10 行集 26,10・11,1268 堀木訴訟二審 ·········· 160
最判 1975（昭50）11,28 民集 29,10,1698 国労広島地本事件 ··············· 173
最大判 1976（昭51）4,14 民集 30,3,223 議員定数不均衡違憲判決 ······ 182,256
最大判 1976（昭51）5,21 刑集 30,5,615 旭川学テ事件 ··············· 115,167
最大判 1976（昭51）5,21 刑集 30,5,3178 岩手学テ事件 ·················· 178

札幌高判 1976（昭51）8.5 行集 27,8,117 長沼事件二審 ·················· 25
最判 1977（昭52）3.15 民集 31,2,234 富山大学単位不認定事件 ······· 236, 237
最大判 1977（昭52）5.4 刑集 31,3,182 全逓名古屋中郵事件 ·············· 178
最大判 1977（昭52）7.13 民集 31,4,533 津地鎮祭事件 ······················ 81
最決 1978（昭53）5.31 刑集 32,3,457 外務省秘密漏洩事件 ·············· 103
最大判 1978（昭53）10.4 民集 32,7,1223 マクリーン事件 ················ 40
最判 1981（昭56）4.7 民集 35,3,443 板まんだら事件 ······················ 236
最判 1981（昭56）4.14 民集 35,3,620 前科照会事件 ······················ 59
最判 1981（昭56）6.15 刑集 35,4,205 戸別訪問禁止合憲判決 ··············· 98
最判 1981（昭56）7.21 刑集 35,5,568 戸別訪問禁止事件 ··················· 99
最大判 1982（昭57）7.7 民集 36,7,1235 堀木訴訟 ·························· 159
最判 1982（昭57）9.9 民集 36,9,1679 長沼事件 ··························· 25
最大判 1983（昭58）6.22 民集 37,5,793 よど号ハイジャック記事抹消事件 51
最大判 1983（昭58）11.7 民集 37,9,1243 議員定数不均衡訴訟 ············ 73
最大判 1984（昭59）12.12 民集 38,12,1308 税関ポルノ事件 ················ 89
最判 1984（昭59）12.18 刑集 38,12,3026 私鉄駅構内ビラ配布事件 ·········· 97
最大判 1985（昭60）7.17 民集 39,5,1100 議員定数不均衡訴訟 ············· 256
最大判 1985（昭60）11.21 民集 39,7,1512 在宅投票制廃止違憲訴訟 ·· 258, 259
東京地判 1986（昭61）3.20 行集 37,3,347 日曜日授業参観事件 ·············· 77
最大判 1986（昭61）6.11 民集 40,4,872 北方ジャーナル事件 ············ 62, 90
最大判 1987（昭62）4.22 民集 41,3,408 森林法違憲判決 ····················· 133
最判 1987（昭62）4.24 民集 41,3,490 サンケイ新聞意見広告事件 ·········· 107
東京地判 1987（昭62）11.20 判時 1258,22 逆転事件一審 ·················· 58
最大判 1988（昭63）6.1 民集 42,5,277 山口自衛官合祀事件 ················ 81
最判 1989（平元）3.2 判時 1363,68 塩見事件 ····························· 41
最大判 1989（平元）3.8 民集 43,2,89 レペタ訴訟 ·························· 264
最判 1989（平元）6.20 民集 43,6,385 百里基地訴訟 ························ 25
東京高判 1989（平元）9.5 判時 1323,37 逆転事件二審 ····················· 58
最判 1989（平元）12.14 民集 43,12,2051 三井倉庫港運事件 ··············· 172
最決 1990（平2）7.9 刑集 44,5,421 TBSビデオテープ押収事件 ············ 105
最判 1993（平5）3.16 民集 47,5,3483 第一次家永訴訟 ····················· 90
秋田地判 1993（平5）4.23 行集 44,4・5,325 秋田生活保護貯金訴訟 ······· 162
最判 1994（平6）2.8 民集 48,2,149 逆転事件 ···························· 58

最判1995(平7)2,28民集49,2,639外国人地方参政権訴訟 ……………… 267
最判1996(平8)3,8民集50,3,469エホバの証人剣道拒否事件 …………… 78
最判1996(平8)3,19民集50,3,615南九州税理士会事件 ………………… 109
最大判1997(平9)4,2民集51,4,1673愛媛玉串料事件 …………………… 82
最判1998(平10)3,13自由と正義49,5,213日弁連国家秘密法案事件 …… 109
最大判1999(平11)11,10民集53,8,1577拘束名簿式比例代表訴訟 ……… 183
最判2002(平14)4,25判時1785,31群馬司法書士会事件 ………………… 109
最大判2004(平16)1,14民集58,1,1非拘束名簿式比例代表訴訟 ………… 183
最大判2005(平17)9,14民集59,7,2087在外邦人選挙権訴訟 …………… 259

——アメリカ合衆国の判例——
Lochner v. New York, 198 U.S. 45 (1905) ……………………………… 261
Sherbert v. Verner, 374 U.S. 398 (1963) ………………………………… 78
Lemon v. Kurtzman, 403 U.S. 602 (1971) …………………………… 82, 83

【著者紹介】

山崎英壽(やまざき・えいじ)

経歴・1960年北海道生まれ
　　　中央大学法学部、慶應義塾大学文学部卒業
　　　憲法研究者(大学教員)

著書・『わかりやすい法学・憲法』(文化書房博文社、共著、2005年)
　　　『わかりやすい憲法』(文化書房博文社、共著、2008年)
　　　『憲法入門』(文化書房博文社、共著、2011年)

憲法要諦
（けんぽうようてい）

2018 年 4 月 10 日　初版発行
2024 年 4 月 20 日　第 3 刷発行

著者　山崎英壽
発行者　鈴木康一

●

発行所　株式会社文化書房博文社
〒 112-0015　東京都文京区目白台 1 − 9 − 9
電話 03（3947）2034 ／振替　00180-9-86955
URL: http://user.net-web.ne.jp/bunka/

●

印刷・製本　シナノ印刷株式会社

●

ISBN978-4-8301-1302-4 C3032
乱丁・落丁本は、お取り替えいたします。

JCOPY <（社）出版者著作権管理機構 委託出版物>

　本書（誌）の無断複製は著作権法上での例外を除き禁じられています。複製される場合は、そのつど事前に、出版者著作権管理機構（電話 03-5244-5088、FAX 03-5244-5089、e-mail: info@jcopy.or.jp）の許諾を得てください。

　本書のコピー、スキャン、デジタル化等の無断複製は著作権法上での例外を除き禁じられています。本書を代行業者等の第三者に依頼してスキャンやデジタル化することは、たとえ個人や家庭内での利用であっても著作権法上認められておりません。